JN408844

카르페디엠의 시간

이종필 수필집

문학공원 산문집 67

카르페디엠의 시간

이 종 필 수필집

문학공원

책을 펴내며

우리가 태어나서 자신의 이름을 갖고, 사회 속에서 자신의 실존적 삶을 살아가는 과정은 놀랍고 고귀하다는 생각을 종종 해보곤 합니다. 자신이 태어났다는 자체가 기적 같은 인연들의 시작이며, 그 운명으로 우리는 수없이 마주하는 또 다른 만남과 이별로 나라는 한인간의 삶이 정의되기 때문입니다.

비록, 자랑스러운 인생이라고 내세울 수 없는 삶의 여정이었지만, 짧지 않은 70년을 살아오면서 이종필이라는 한 사람으로 걸어온 시간과 인연들은 유일한 진실이기에 나름의 가치를 믿고 저의 스토리를 엮어보았습니다.

글 쓰는 공부나 이력도 부족한 글솜씨로 책을 출간한다는 용기는 저와 같이 동시대를 살아온 수많은 친분들에 대한 고마움과 희로애락의 역사를 조금이나마 나누고 싶은 사심의 표현이기도 합니다.

어떻게 살다보니 칠순이라는 나이까지 살아온 세월이, 꿈같게만 느껴지는 허망한 감회를 자신의 글을 통해서라도 조금은 위안 받을 수 있으면 하는 바램도 있습니다.

책 내용은 제가 살아온 이력을 간단히 옮겨봤고, 제 주변 인연들과의 만남, 그리고 생활 속 체험을 통해 느끼고 감동 받은 생각의

편린들을 담아 보았습니다. 그리고 산업화 이후 선진국 대열로 진입하는 과정에서 벌어진 최근의 정치, 경제, 사회적 사건들을 허심탄회하고 조금은 비판적 시각으로 일갈해보기도 했습니다.

저의 정치적 글이 조금이나마 독자분들께 마음의 부담이 되었다면, 우리 정치가 좀 더 발전되기를 바라는 소시민적 바램의 작은 목소리로 혜량해주시길 부탁드립니다. 우리가 살아가는 사회 만큼은 대중들의 다양한 목소리가 허용되고 동시에 서로 존중되고, 비판을 겸허히 받아들일줄 아는 배려와 용서가 바로 포용국가로 가는 관문 이라 믿기 때문입니다.

제가 살아온 삶의 여정에서 직·간접으로 저와 같이 시공을 같이 하며, 소중한 추억을 나누었던 모든 분들께 이 기회를 빌어 깊은 감사를 드립니다. 하늘에 계신 부모님의 사랑아래서 핏줄을 나눈 형제,자매 그리고 40년이라는 세월을 무한한 사랑과 보살핌으로 저와 가족을 지켜준 아내 김미숙, 원고정리를 도와준 듬직한 아들 부부 이경우, 김재희에게도 고마움과 애정을 보냅니다.

끝으로 저의 책 출판을 위해서 많은 지도와 격려를 보내주신, 시인이고, 문학평론가이신 김순진 교수님께 심심한 감사의 마음을 전합니다.

시들지 않는 영혼과 육체의 손이 살아있는 한, 생존의 의미를 무한히 깨닫게 해주는 책과 글에 대한 사랑을, 저를 아껴주는 모든 분들과 함께 더 나눌 기회가 있기를 조심스럽게 소망해봅니다. 감사합니다.

2022년 봄

이 종 필 배상

서문

체험한 진실을 바탕으로 감동을 선사하는 글

김 순 진 (문학평론가 · 고려대 평생교육원 교수)

사람은 누구나 다 때가 있다. 마음의 때, 몸의 때 같은 삶의 때가 아니라 시간, 시기를 이르는 말이다. 어른들은 공부할 때와 결혼할 때, 돈 벌 때와 건강을 돌볼 때를 놓치면 다시 회복하기 힘들다고 말한다. 때를 아는 삶이 가장한 현명한 삶이다. 이종필 작가는 칠순의 나이로 산업현장에서 물러나 건강을 돌보며 자신의 인생을 즐길 때다. 이종필 작가는 그걸 '카르페 디엠'이라고 말한다.

이종필 작가의 말처럼 사람은 누구나 죽는다는 걸 기억해야 한다. 그걸 '메멘토 모리'라고 한다. 그런데 죽는다는 걸 자주 기억하면 의기소침해지고, 그걸 전혀 기억하지 않고 생활하면 철없는 사람이 된다. 그러나 일부러 죽음을 생각할 필요는 없다고 생각한다. 사람은 저절로 죽게 되어 있다. 그러니 죽음을 두려워하지 말고 '카르페 디엠' 즉 지금 이 순간, 오늘 이 순간을 즐겨야 한다는 말이다. 즐기는 것에도 때가 있다.

나는 젊은 시절 축구를 오래 했지만 지금은 축구를 하지 않는다. 대신 혼자 헬스를 즐긴다. 축구는 과격한 운동이라 나이가 든 사람이 하기엔 위험할 수 있기 때문이고, 단체 운동이라 혼자 할 수 없으니 시간의 제약을 받으니 즐길 때가 아니다. 그러나 헬스는 혼자 아무 때나 TV를 보거나 사무실에서도 잠깐잠깐 할 수 있는 운동이고 이를 통하여 힘과 용기를 얻기에 1석2조의 운동이다.

이제 이종필 작가가 즐길 수 있는 방법은, 충분히 경험하고 쌓아온 추억자산을 글로 옮기며 작가로 활동하는 것이 아닌가 생각한다. 이종필 작가는 그동안 쌓아올린 충분한 경험, 사회를 바라보는 올바른 시야, 그리고 성균관대학교 경영학과 72학번을 중심으로 한 동창회 SNS를 활동무대로 오래도록 써온 글솜씨를 바탕으로 금년 2022년 ≪스토리문학≫ 상반기호에 수필가로 등단까지 했다.

이종필의 수필은 진솔하고 꾸밈이 없다. 게다가 이종필의 수필은, 만연체나 유려한 문장을 배제하고 '좋은 생각' 책에서나 읽을 법한 짤막짤막한 글로 되어 있어 독자를 고문하지 않는다. 문학용어에 있어 경험에서 우러나는 진정성 있는 이야기를 '진실'이라 말하는데, 탄탄한 진실은 어떤 미사여구의 글보다 독자로 하여금 감동을 느끼게 하는 요소다. 그런데 이종필의 수필은 모두 몸소 체험한 진실을 바탕으로 하고 있어서 그 어떤 글보다 감동을 준다.

이처럼 훌륭한 수필집을 상재하시는 이종필 작가는 장차 우리 스토리문학을 이끌어갈 보배로서 독자에게도 크나큰 선물이다. 수필집 상재를 진심으로 축하드린다.

차례

2부 나래를 펴고

3부 이데아를 향하여

4부 행복한 나라를 꿈꾸며

1부

눈 감아도 보이는

어린 시절의 청주

어린 시절의 기억은 연도 상 57년 이후로, 초등학교 입학 2,3년 전부터 일들이 떠오른다. 교직에 계신 아버지 덕분에 우리 형제는 가난한 시절이지만, 배고픔을 많이 느끼고 살지는 않았다. 또한 외할아버지의 사업적 품성을 닮은 어머니의 강인한 생활력 덕분으로 셋방살이를 벗어나, 우리는 더 좋은 집을 장만하며 이사를 다녔다.

어머니의 집에 대한 끊이지 않는 애착에 힘입어 초가지붕에서 기와집으로 그리고 수동의 일본 적산가옥에서 석교동의 200평 넘는 집으로 옮겨 다녔다.

잦은 이사 때문인지는 몰라도. 청주 동네 곳곳에는 어린 시절의 기억들이 남아있다. 향교, 우암산, 성당, 무심천, 무심천 뚝방, 남다리, 번정통이라 부르던 시내 중심로, 중앙공원, 남문시장, 청주, 현대극장 등…….

물이 있는 곳에 인간의 삶이 시작되기에 대부분의 중심도시에는 하천이 흐른다. 청주도 도시 가운데로 무심천이 흐르고 있다. 어린 시절 놀이터는 주로 하천과 제방을 중심으로 여름에는 수영이나 물고기를 잡고 때론 모래사장에서 병정놀이도 한다. 겨울에는 썰매장이 되기도 하고, 뚝방에서 연날리기도 많이 했다.

어려운 살림살이에서 어린이가 갖고 놀 수 있는 장난감 구입은 언감생심 꿈도 못 꾸던 시절이라 대부분 자신들이 놀이 기구를 만들었고, 만드는 재미도 즐거운 시간이기도 했다. 신문지나 문창호지에 우산 살 대나무를 잘라서 만드는 연이나, 제방에 설치한 철사를 끊어서 나무토막에 대고 송판을 얹어 만드는 썰매 등, 어찌 보면 그러한 놀이가 어린이들의 창의성 개발에도 큰 도움이 되지 않았을까 하는 생각도 해본다.

결혼 전에 늘 갖고 있던 미래 자식 교육을 위해서는 가능한 어린 시절 만큼은 자연을 벗하며 자랄 수 있도록 지방 전원생활을 꿈꾸어 왔지만, 아쉽게도 현실은 꿈으로 끝나는 게 일상인 것도 같다.

아동 교육은 삭막한 도시보다는 자연을 가까이에서 즐기며 자라는 시간도 정서교육 발달에 중요하다는 사고는 어린 시절 청주에서 자란 영향이 크다고 할 수 있다.

60년대 청주는 교육도시로 알려지고 있었듯이, 평온한 도시며 양반 도시라고 일컬어지기도 했다. 그 당시만 해도 산업화 이전의 경제 상황이라, 도시의 소비 원천은 공무원, 교사, 소수의 은행원, 군인 그리고 생필품 장사 종사자들이 주를 이루며, 도시라고 하지만, 서로의 신분을 잘 알 수 있다

그렇게 살다보니, 인간적인 교류들에는 정이 오가는, 조금은 순진하고 낭만적인 감정들도 나누며 살았다는 추억이 있다. 화려하지는 않았지만, 인간의 정감이 어린 장소와 그리운 얼굴들이 깃들어 있는 그곳이 바로 고향이다.

흙먼지가 날리는 큰길을 따라 도보로 통학하던 길과 논뚝길, 그리고 지금은 잊혀졌지만, 언뜻언뜻 기억나는 얼굴들과 추억으로 새겨진 그곳은 내 어린 시절의 숨소리가 고스란히 담겨있는 고향 청주다.

반세기가 지난 시간을 더듬어, 옛 추억이 있는 그 장소를 찾아가 보지만, 옛 자취는 사라지고 처음 와보는 도시로 변해버린 청주로 변모했다. 그래도 가슴속 고향, 어린 시절 그 도시는 동심의 낭만이 흐르는 내 감성의 원천으로 영원히 간직하고 싶다. 첫사랑의 감성처럼.

아버지와의 추억

초등학교 1학년 때 어느 날, 아버지는 날 사진관으로 데리고 가서 필통을 옆에 놓고 연필을 쥐고 글 쓰는 모습을 찍어주셨다. 나는 아직도 그 사진을 간직하고 있다. 왜 아버지가 그런 사진을 찍어 주셨을까?

아직도 아버지의 깊은 뜻을 모르고 있다. 입학 사진을 남기지 못한 아쉬움과 입학을 축하하는 의미, 아니면 글씨를 잘 쓰라는 아버지의 바램인지도 모르겠다.

아버지는 내가 어렸을 때부터 자신의 서예 습작에 많은 심혈을 기울이셨다. 시간만 나시면, 붓, 벼루, 먹, 습자지를 넣어두는 검은 나무상자를 여시고, 책상도 아닌 마룻바닥에 습자지를 펼쳐놓고 한자를 쓰시곤 했다. 아버지는 종종 옆에 앉아 바라보는 나에게 먹 가는 법을 가르쳐 주시면, 나는 호기심에 아버지 시중을 들곤 했다. 습자지가 귀하고 비싼 시절이라, 비용 문제로 어머니와 종종 말다툼을 하시는 모습도 목격하곤 했다.

충북에서 개최하는 서예전시회에 입상과 특상을 받으신 실력으로 서울에서 열리는 전국서예전시회에서 입상도 하셨다. 그런데 언제부터인가 아버지는 더 이상 붓을 잡지 않으시고 서예를 접으시면서 지나가는 말로 한마디 하셨다.

"심사위원들이 썩었어."

어린 나로서는 알아들을 수 없었지만, 심사의 공정성이 무너졌다는 말씀이셨던 것 같다. 어느 시대나 문화계도 파벌적 정치 영향권에서 자유롭지 못하는 현실은 인간사의 변치 않는 어두운 모습인지도 모르겠다. 한 인간의 예술에 대한 순수한 열정이 공정하지 못한 경쟁 구도로 인해 좌절되는 현실은 안타깝고 부끄러운 문화계의 오명이 아닐 수 없다

아버지의 붓글씨는 서예의 문외한이 보아도 누구나 인정하는 명필이기에 미술계 화가들이 전시회 초대장을 아버지의 세필 붓으로 직접 써달라는 부탁을 종종 받았다는 사례로도 알 수 있었다.

새해가 되면, 연하장을 보내는데 아버지는 늘 우편엽서 백 여장을 구입하시어 직접 세필 붓으로 근하신년과 같은 인사말과 주소를 써서 보내시곤 했다. 붓을 놀리는 속도도 빠르시고 작은 주소까지 휘갈리시는 일필휘지의 서예 솜씨는 지금도 감탄이고 멋진 손놀림으로 써놓은 글씨는 기억 속에 살아 있고 아버지의 오랜 습작의 결과라고 할 수밖에 없다.

아버지는 매년 덕수궁에서 개최하는 국전 전시회에 잊지 않고 나를 데리고 가셨다. 전시회를 관람하시는 진지한 아버지의 모습은 미술, 서예에 대한 자신의 재능을 발휘하지 못한 아쉬움을 달래는 시간이었는지도 모른다. 초등학교 시절 크레용으로 그림을 그리면 가끔 오셔서 지도해주시던 그때가 그립다.

늘 과묵하시고 일에 엄격하시기에 항시 무섭고 거리감을 느끼며

지냈던 아버지, 술 한 잔 드시고 집에 들어오시면 어색한 웃음을 보이시던 검소한 아버지는 자식들의 효도도 제대로 받지 못하시고 일찍 돌아가셨다.

자식의 교육에는 돈을 아끼지 않으시고 자신을 위해서는 한 푼이라도 절약하시던 아버지는 불행했던 우리 근대 역사 속에 어렵게 인생을 살다 가신 세대의 한 분이시다.

가난했던 유년기를 일제치하에서 청주사범 1회를 졸업하시고, 바로 6.25전쟁 혼란 속에서 청년기를 보내신 후 평생을 교육자로 사셨다.

오랫동안 당뇨로 고생하시며, 61세에 갑자기 외롭게 돌아가셨지만, 아버지가 남겨놓으신 유상무상의 유산으로 자식들은 편히 살아가고 있기에 아버지에 대한 고마움과 사시는 동안 효도하지 못한 죄책감은 나이가 들수록 더 깊고 허망할 뿐이다.

노래 부르기를 좋아했던 어린이

음악을 처음 접한 시기는 학교 가기 전, 집에 있던 유성기에서 나오는 가요를 듣게 되면서 음악소리가 좋다는 느낌과 유성기의 신기함에 빠져들게 된 시기였다.

검은 판(LP판), 태엽을 감아 돌아가는 둥그런 레코드판, 바늘을 꽂는 둥근 헤드, 보면 볼수록 이해가 불가한 신비로운 유성기는 라디오도 없던 시절에 어른들만이 즐기는 음악기구였다. 이 유성기가 어떻게 우리 집에 있게 된 경위를 알지 못하지만, 아버지가 구입하셔서 그 당시 노래들을 즐겨 듣곤 하셨다.

아버지는 서울에 오셔서도 '기쁜소리사'에서 전축을 구입해서 이미자 레코드판을 종종 구입하신 것을 회상하면, 음악을 상당히 좋아하신 분이다.

초등학교에 입학해서 2학년 때 담임선생님이 풍금을 연주하는 음악 선생님을 만나게 되면서 노래 부르는 법을 배우게 된 것은 노래 부르기를 좋아하게 된 행운의 계기가 되었다. 선생님의 이름은 이창환 선생님으로 아직도 기억하고 있고 몇 년 후에 선생님이 청주 KBS방송국 어린이 합창단 지휘자로 계실 때 나를 합창단 단원으로 불러주시기도 했다.

그 당시 방송국 어린이 프로그램 중에 '누구 누가 잘하나'라는 노래자랑 프로가 일요일에 녹화 방송되었는데 노래자랑에 출현하여 월장원으로 상을 받아 연말결선대회 출연의 기회도 얻는 노래 실력을 뽐냈다.

애석하게도 결선 장소와 시간을 잘못 이해하는 실수로 대회 참석을 놓치고 말았다. 노래가 좋아 주변의 도움 없이 혼자 방송국을 찾아다니다 보니 평시처럼 연말결선대회가 방송국에서 녹화하는 것으로 알고 연습을 해서 방송국으로 갔지만, 이미 현대극장에서 연말 결승대회가 끝난 후였다. 방송국에 찾아가 아쉬움에 눈물 흘리는 나를 윤미자 아나운서가 내손을 잡고 위로해주던 기억이 새록새록 떠오른다. 마음속으로 무척 좋아했던 윤 아나운서는 후에 서울 KBS로 전근하셨다. 예쁘시고 친절하시던 윤미자 아나운서는 어린 나에게 첫사랑의 천사처럼, 어린이 노래자랑 역사와 함께 잊을 수 없는 분으로 남아있다.

어릴 때 음악에 대한 감수성은 계속해서 음악사랑으로 이어지고 대학에 가서도 합창단원으로 합창을 즐기고 노년이 되어서도 최근까지 시니어 성균 금잔디합창단원으로 무대에 서게 되었다.

어린 시절, 음악을 접하는 기회를 부모가 많이 제공해주는 교육은 어른으로 성장해서도 정서적 안정감을 유지시키고, 한두 가지 악기를 어려서부터 배울 수 있다면 취미생활로도 삶을 더 풍요롭게 하는 좋은 기회가 된다는 깨달음을 후배들에게 전하고 싶다.

중고등학교 학창시절

청주중학교를 입학하고 아버지가 서울로 전근하시게 되어 가족이 서울로 이사를 오기 전인 2학년 전 학기까지 나는 즐겁게 학교생활을 했다.

청주중학교는 한 학년이 8반으로 되어 있으며, 매달 시험을 실시하여 학업 성적을 전교 석차 순으로 공개했다. 100등 정도의 석차에서 공부가 재미있어지며 조금씩 성적이 오르고, 전 학년 석차가 20등 안까지 좋아질 무렵, 2학년 여름방학에 가족이 서울로 이사를 했다.

청주중은 매달 한 번씩 체육대회를 육상과 구기 종목을 나누어 번갈아 전 학년이 참가하는 전통이 있다. 학생들의 체력 증진은 물론, 교우 간의 친선을 도모시키고 우정을 나누게 하는 전인교육 과정을 실행하는 훌륭한 학교임을 서울로 전학하면서 더욱 통감했다.

대부분의 학교는 매년 한두 번 정도의 체육회를 시행하기도 벅찬데 전 학년이 매달 체육회를 시행하는 학교는 거의 없는 시절에 청중은 빠짐없이 행사를 갖고 있었다. 좋은 전통을 유지 발전시키는 노력은 좋은 학교의 역사가 됨을 알 수 있다.

이사온 집이 정릉에 위치하다보니 도보로 통학이 가능한 근처 서라벌중학교에 아버지의 주선으로 전학했다. 지방촌놈 출신이 서울 학교 수업을 적응하는데 시간은 별로 걸리지 않았다. 서라벌중학교 한 학년이 2반이다 보니 적응도 쉬웠고 특히, 당시 학생들의 학력 수준이 매우 낮았던 학교이기에 내 성적은 바로 1,2위를 차지하곤 했다. 전학한 학생에 대한 관심이 높아지며 상대적으로 선생님들로부터 사랑을 많이 받고, 나를 상대로 수업이 진행되는 비정상적 상황도 연출되곤 했다.

입시제도가 살아 있는 시절, 더 나은 고등학교 진학을 꿈꾸던 나는 시험준비 자체를 하지 않는 학교 수업을 이해할 수 없었기에 좋은 고등학교 입학을 목표로 하고 있는 나로서는 개인적으로 종로에 있는 단과 학원 보충수업을 열심히 다니며, 서울 일류고등학교 입학의 꿈을 키워 나갔다.

경기고 입시를 추천한 담임선생님에게는 고마웠지만, 경복고 입시에도 낙방하고, 2차에 중동고등학교로 입학했다. 학교 입시 수업이 부실하다 보니 영어, 수학을 제외한 과목에서 차이가 났던 결과로 10여 점 차이의 낙방은 어린 나이지만, 매우 분했고 나는 아버지께서 좀 더 평판이 나은 보성중학교에 전학시켜주셨으면 하는 아쉬움도 컸다. 하지만 당시 대부분의 사립학교의 경우 전학 시 돈을 요구하던 시대여서, 올 곧은 아버지 성격상 불가했으리라 이해하고 있다.

종로 수송동에 위치한 중동고는 1차 입학전형에 실패한 학생들이 입학하는 학교이고 서울시내 한복판에 있다 보니 학교 크기도 작고 야간 학교도 운영하고 있기에 분위기는 산만했지만, 대학 입시를 위한 교과 과정은 나름 잘 진행되고 있었다.

당시 학교 학업수준 평가는 일류대학에 입학하는 학생 수가 결정하고 있었다는 점은 반세기가 지난 지금과 다를 바가 없었다. 2학년이 지나면, 학생들 희망에 따라 문과반과 이과반으로 구분해서 반을 결정하고 나는 이과반에 편성되어 입시 준비를 했다.

박정희 대통령시절에는 산업화가 국가최고의 목표였기에, 인문계보다는 이공계진학을 많이 선호했다. 자신의 성격이나 자질과 무관하게 사회가 지향하는 방향으로 자신의 진로를 결정하는 경우가 나에게도 예외는 아니었다. S대 공대를 목표로 입시 공부에 전념하는 학창시절에는 오로지 학업성적 향상이 인생의 최고목표이고 희망이었다.

더욱이, 부모님의 S대 사랑은 변함이 없는 집념이었기에, 첫해 낙방 후, 2년을 학원을 더 다니며 3수라는 어둠의 시간도 이겨냈지만, 결국 S대도 실패하고 2차대 성균관대학교 경상대학 경영학과에 입학했다.

우리 사회는 물론 어느 사회도 한 개인의 학력에는 출신대학 이름이 평생 따라 다니고 대학 명성에 따라 그 사람을 평가하는 관례는 시대와 무관하게 변함없는 관습처럼 되곤 한다. 취업, 결혼, 인간관계까지 학력은 일생의 중요한 개인사에 지대한 영향을 행사 한다고 하면 지나칠지 모르지만, 누구도 쉽게 부인하지 못하는 fact다.

부모들이 SKY대학에 집착하는 현실로 인한 우리 사회의 여러 가지 입시에 따른 굴절된 현상들은 변함없이 계속 진행되고 있다. 세월이 지나 어머니가 '왜? 내가 그 당시 S대만을 아들에게 집착했는지 지나고 나니 후회스럽다.'고 하신 말씀을 혼자 되새겨 보곤 한다.

예나 지금이나 부모님이 자식에 대한 사랑은 위대하지만, 부모가 자신의 꿈과 소망을 자식들의 성공을 통해서 이루고 싶은 의지는 때론 과욕이 되어 자식의 일생에 부담이 될 수도 있다는 생각도 해 본다.

자식교육을 위해 자신의 삶을 희생하며, 외국유학까지 시켰지만, 나이가 들어 돌봐주는 자식의 도움도 구하지 못하고 쓸쓸히 생을 마감하는 주변 선배들을 종종 보는 현실에서 자식교육에 대한 부모들의 성찰을 상기하게 된다.

70년대 대학시절

3수라는 어둠의 시간을 보내고 고개를 떨군 패잔병의 심정으로 원치 않는 대학에 입학하다 보니, 대학 캠퍼스의 낭만은 안중에도 없고, 학교 강의도 종종 결석도 하며 대충 뒷자석에서 출석수만 맞추며 Freshman 생활을 보냈다.

어느 조직에도 속하지 못하고 인정받지도 못하는 폐쇄된 재수 2년 생활의 아픔을 지우고, 자신을 위로하고 싶은 마음이 발동하며, 자의적으로 써클 활동에 시간을 많이 할애했다.

5개 상경대학생모임 KCC, 내가 조직한 고교동창을 중심으로 남여대학생 독서 모임 초우회(회집도 내고, 성균교수 회관에서 시화전도 개최), 성균합창단 입단, UBF(대학 성경 읽기 종교 단체)가입 등, 수업보다는 단체 모임에 많은 시간과 정열을 쏟으며 1학년을 보냈다. 학과 동기들과의 시간보다는 타 대학 학생, 타 학과 학생들과 어울리고 친분 관계를 쌓으며 나름의 바쁜 생활로 대학 1학년이 훌쩍 지나갔다.

2학년 학기가 시작하며, 불성실한 대학생활에 대한 회의와 더불어, 대학을 다니는 목적과 의미가 무엇인지 자문하며 깊은 자괴감이 들었다.

우선 학교 강의를 충실히 받고 전공학과 공부에 전념한 결과, 3학년 학점은 높은 점수를 받았다. 그리고 졸업 후를 대비하여 행정고시 공부를 시작했으나 유신헌법 반대시위로 도서관 출입이 불가하다보니 여건상 고시 꿈을 접을 수밖에 없었다.

당시, 대학에는 박정희 대통령의 유신정권에 반대하는 학생들의 데모가 빈번하다보니 학교 휴교령도 수시로 발령되며, 학교 강의가 중단되고 시험도 리포트로 대치되면서 대학 수업이 부실해지는 시대 상황이었다.

대학은 사회로 나가기 전 마지막으로 하고 싶은 학문을 공부할 수 있는 기회임에도 상아탑으로서의 학문적 가치가 정치 상황에 따라 많은 영향을 받는 우리 현실은 매우 안타깝고 국가적 차원에서도 학문의 전당이라는 대학 교육의 역할과 위상에 대한 광범위한 논의가 여전히 필요해 보인다.

정치적 참여를 위한 학생운동의 전력이 사회정치권에 입문하는데 발판이 되고 유리한 경력으로 인정해주는 관례가 빈번하다면, 대학 교내는 정치 활동의 근거지가 되고 순수학문 탐구에 열중하는 대다수 학생에게는 피해가 될 수밖에 없다.

학생들이 기존사회 정치권에 쉽게 휘둘리는 양상은 교육을 받고 학문을 터득하는 신분으로서 결코 바람직하지 않다고 본다. 다행히 요즘 대학생은 SNS라는 소통채널을 통한 정치 참여가 자유스럽게 충분하다보니 굳이 학업을 소홀히 하는 시위의 당위성이 적절하지 못한 현상으로 긍정적인 발전이라 할 수 있다.

대학을 졸업하고 사회생활을 하면서 뼈저리게 느끼는 후회는 왜 학교시절 좀 더 학문에 전념하지 못했을까 하는 반성에 대부분의 사회인들은 동감하리라 본다. 진정으로 정치에 뜻이 있다면, 대학에서 학문적 인격적 사고의 깊이를 누구보다 더 많이 공부한 후, 국가와 사회를 이끄는 지도자로 성장할 수 있는 자격을 갖추는 시기가 되어야 한다.

대학은 학문의 전당이라고 모두 인식하지만, 우리 대학들은 아직도 21세기 4차 산업혁명을 대비한 기초학문 연구가 많이 미비하다는 사실은 기업들이 필요한 인재를 발굴하기 쉽지 않다는 현실이 보여주고 있다.

특히, 정치는 사회라는 공동체에 존재하는 수많은 문제들을 인식하는 안목과 이해 충돌을 효과적으로 해결해나가는 지혜가 요구되는 현실적, 실용적 분야다. 단지 대학시절, 사회 정치 시위활동에만 매몰되어 학문에는 소홀했던 인물들이 지금껏 정치권력 안에서 어떤 정치를 행사해왔는지 모두 실감하고 있다.

내가 수업한 경영학도 오래된 교과서 같은 책에 기반을 둔 진부한 강의와 외우기식 시험으로 교과과정을 마치는 대학 교육의 인재가, 기업과 사회가 요구하는 전문지식을 과연 얼마나 충족시켰는지 의구심이 들곤 했다. 나의 대학시절은 국가적 정치의 불안정 사태로 인한, 형식적 졸업장 따기 식의 부실한 대학 과정이 일반화된 시기이기도 했다.

다행히 오늘날 우리 대학생들은 정치적 활동이나 시위에 크게 치우치지 않는 대학 생활을 하고 있고, 학교 수업도 보다 새로운 시대를 대비한 보다 넓은 융합적 지식 탐구에 노력을 하는 대학교육을 받고 있는 모습에서 우리의 미래를 기대해본다.

군복무의 특별한 보람

군복무는 입대 신체검사에서 시력 부족으로 인해 보충역 2급으로 판정 받아, 소위 방위병이라는 직분으로 군복무를 1974년 10월 25일부터 서울 해군본부 해군 인사참모부 내 인사보임기록부에서 출퇴근하며 근무했다.

당시, 해병대사령부가 해군 조직에 합병되어 해군본부 안에는 해군, 해병이 같이 근무하고 있었다. 나는 대방동에 위치한 해군본부 연병장에서 4개월의 군사기초 훈련을 받고 해병 인사기록부에 배치받아 해병들과 근무를 했다.

기간사병들은 3년이란 의무기간 복무 후 전역하는 시절이고, 나는 집에서 출퇴근하며 1년 2개월의 군복무를 하는 방위병의 신분의 입장에서 같은 청년으로 미안한 마음도 많았다. 당시 방위의 기본업무는 건물경비와 잡역을 담당하고 사무실 근무는 현역병들의 사무를 보좌해주는 역할이었다.

해군본부는 군수뇌부가 근무하는 최고부서인 만큼, 대장급들을 비롯해, 고위 간부들이 주를 이루고 현역 사병들도 중요 부서에서 복무하는 선별 되어온 병력들이다.

솔직히 학력이나 뒷배경들이 있는 사병들이라고 짐작이 되고, 실제로 근무하면서 고급 인력들이 다수인 상급기관임을 실감했다.

복무 중 보람을 갖는 업무는 해병사병들의 성별명부를 만들어준 일이다. 컴퓨터가 없던 시대이기에, 부대 내 사고가 발생하면, 사고자에 대한 인적사항을 단시간 내에 파악해서 조치를 취해야 되는데, 성명 하나만의 정보로는 2만여 명의 인적 기록카드 중에서 해당 사고자의 인사카드를 찾는데 시간이 길어지는 어려움이 많았다.

그 당시 해병 사병 수는 포항사단과 서부 강화지역 연대에 2만여 명이 배치되어 있었고, 종종 해병들이 강화 연대부대에서 중무장하고 거주 지역으로 탈영해 도망하는 사고가 발생하곤 했다.

인사부서에는 2만여 명의 인사기록카드가 입대 기수 순으로 커다란 나무상자 속에 진열되어 있다. 사고 발생 후 기수를 모르고 성명만 알려진 경우, 해병 인사기록부 전 인력이 2만여 명 카드 중에서 사고자 카드를 급하게 찾아내야 하는 진풍경이 벌어진다.

당시 여건에서 나는 군 사고에 대비해 좀 더 시간 절약을 위한 해결책으로 부서 책임자인 해병 노 준위에게 성별명부를 만들 것을 제안했다.

흔쾌히 명을 받고, 기록카드를 일일이 찾아 가나다순으로 성별명부를 수작업으로 작성 완료하는데 40여 일이 소요된 것으로 기억한다. 2만여 명의 병력을 분류한 결과 125개의 우리나라 성씨가 존재한다는 사실도 알고 놀라기도 했다. 내가 작성한 성별명부를 만든 실적을 누가 상부 고위층에 보고하느냐를 두고, 해군, 해병 간부들 간에 논란을 벌이기도 했다는 후문을 듣고 나 자신도 자랑스러운 성취감에 좋은 추억으로 남아있다.

컴퓨터가 없던 시대에 있었던 사실을 지금 되돌아보면, 격세지감이 있는 우직하고 우스꽝스러운 풍경으로 보이지만, 컴퓨터가 우리 생활에 필수품으로 안착된 시기도 이제 40여 년에 불과하다는 사실에 많은 생각들이 밀려온다.

또 하나 보람은 해병이 해군에 합병됨에 따라 대장 이하 위관 급까지 인사기록부가 동일 양식으로 통일되어 구 인사기록부를 새롭게 인쇄된 인사기록부에 수작업으로 옮겨 작성해야 하는 힘든 작업에 직면했다.

이 작업을 처음에는 인사기록부 현역병이 작성하도록 지시가 내려와 시작 되었는데, 작성된 기록부가 책임자 노 준위의 직성에는 매우 부족했던지 작업을 중단 시키고 방위인 나에게 작성을 지시했다. 군의 최고 간부 인사 기록 작성을 방위 직급에 맡기는 것도 보안이나 직위를 감안하면 쉽지 않은 결정이었다고 생각한다. 글 쓰는 솜씨가 남보다 조금 괜찮고 업무 능력이 조금 좋다보니 인사보임기록부에 배치된 결과가 아닌가 한다.

해병 장군 중 최고 상관, 김정호 장군의 인사 기록을 새 양식에 옮겨 작성한 기억이 남는다. 6·25전쟁 시기 이후 군 이력들이 몇 가지 다른 기록부에 희미하고 알아보기 힘든 기록들이 많이 있다보니 새 양식에 맞추어 작성하기가 쉽지 않았다. 특히, 전시기간의 복무기록이 정확한 기록으로 남아 있지 않는 사례가 많아 이해가 안 되는 부분은 노 준위의 도움을 받아 인사카드를 작성하며 해병대 영관급 인사기록부까지 내손으로 완성해준 일이 군생활의 보람 중 또 하나의 추억으로 남아있다.

인사카드는 진급심사에서 제일 중요한 자료 중 하나인 만큼, 이 자료를 기록, 보관 관리하는 인사보임기록부는 보임부서와 함께 중요 부서로 책임만큼 권한도 막중하다고 할 수 있다.

어느 조직이나 인사부서는 조직원들의 신상관리 즉 진급, 급여, 포상, 부서이동 등을 관리하고 직위를 명하는 부서로서 책임도 크고, 보람도 느끼는 부서이기도 하다.

군복무 기간 동안 현역병과 재밌는 일도 많았고 특히, 담당부서장 노 준위로 부터 많은 사랑을 받으며 전역을 했다. 현역병은 아니었지만, 짧은 군복무를 통해 해병에 대한 사랑은 아직도 가슴에 남아있다.

아버지 묘를 이장하면서

아버지를 엄니와 같이 곁에 뉘어드리고 돌아오는 밤에 초승달이 머리 위에 떴다. 30년 만에 만나본 아버지의 유골이 낯설지 않은 것은 당신을 사랑하기 때문이다. 긴 세월이 흘러도 남아있는 당신의 뼈만큼이나 당신의 영혼이 더 그립다. 부자간의 사랑은 그리도 가깝고도 머언 우리들만의 비밀 같은 것인지도 모른다.

아버지라는 이름 하나로, 눈빛 한번 같이 나누지 못한 까마득한 지난날들이, 당신의 흩어진 유골만큼이나 허망하다. 자신의 욕망이 무엇인지도 모르고 살아가신 당신의 눈물겨운 그 세월을 우리는 모른다. 우리는 알 수도 없고 상상할 수도 없는 그 뼈저린 시간들을 누가 알까. 당신의 유골이 한 줄기 연기로 사라지지만, 당신의 자식에 대한 사랑은 파란 가을 하늘빛 호수만큼이나 깊고 영원하다.

"아버지, 오랜만에 곁에 같이 누운 당신의 사랑을 위하여 좋아하시던 동백아가씨를 불러주세요. 아버지라는 이름, 당신은 우리들이 잊어서는 안 되는 영원한 멘토입니다."

- 2017년 9월 23일 예래원을 내려오면서.

아들의 눈물

- 결혼식에서

60이 넘은 부모의 나이가 되면 자식들 결혼에 대하여 여러 가지 일들을 경험하게 된다. 요즘 젊은 친구들은 취업에 어려움을 겪다 보니, 졸업 후에도 자신의 능력을 증명할 수 있는 자격증 취득, 외국어 테스트 시험, 인턴경험 등 소위 스팩 쌓기에 많은 시간을 할애하며 청춘을 보내고 있다. 힘들게 취업이라도 하면 30이 훌쩍 넘은 나이에 결혼이라는 일생 과업이 기다리고 있다.

자식이 연애라도 해서 자기 짝이라도 있으면 부모의 근심이 조금은 덜어지겠지만, 결혼이라는 것이 자신들만의 간단한 결정으로 성사되기가 어렵다보니, 결혼식까지 이루어지는 것도 쉬운 일이 아닌 것이 현실이다.

요즘은 결혼식의 절차와 형식도 예전과 다르게 엄숙함보다는 축제분위기로 조금씩 변해가는 모습들을 볼 수 있다. 이번 친구아들의 결혼식에는 주례 없이 진행되었는데 인상적인 것은 신랑, 신부가 결혼서약서를 대신한 자기들의 글을 낭독함으로써 서로에 대한 사랑과 부모에 대한 감사를 표하는 편지 형식이었다.

사실, 결혼은 남녀라는 불완전한 인격이 서로의 단점을 극복하기 위한 인간이 만들어낸 사회적 제도를 통해서 가정을 이루며 한 세대를 시작하는 의미 있는 출발점이기도 하다. 따라서 결혼하는 당사자인 신랑, 신부가 주체가 되어 결혼식을 꾸미는 것도 더 뜻 깊은 시간이 될 수도 있다는 점에서 성원을 보내고 싶다.

그동안 결혼식이 이루어지기까지 젊은 친구들이 체험한 수많은 역경과 고뇌를 통해서 쌓여진 감정들을 피앙세 앞에 서서 사랑고백과 부모에 대한 자신들의 감사함을 표현하다 보면 북받쳐 오르는 눈물을 억제하기는 쉽지 않을 것이다.

자신들을 지켜보는 하객들 앞에서, 자신의 글을 통한 서약의 눈물이야 말로 진실된 사랑이 담긴 눈물의 미학으로, 결코 부끄럽지 않은 감동이 있는 이벤트라서 박수를 보내고 싶다.

뜻 깊은 날, 자신들의 진실한 마음이 담긴 글은 두 사람의 사랑이 다하는 그날까지 가족 모두에게도 아름다운 추억으로 기억될 것이다.

아버지의 결혼관

결혼은 인간으로서 혼자 살아가기는 힘들기 때문에 서로가 이롭고 편하기 위해서 같이 살아가는 공동체라고 보면 된다. 결혼이 우리들의 삶에 이상도 아니고 환상적인 것도 아니고, 현실적인 문제로 좀 더 인간적인 욕구들을 인간답게 해결해나가는 삶의 과정이라고 보면 이해하기 쉽다.

동물적인 욕구들을 사랑이라는 감성을 통해서 서로 나누는 합리적인 생활의 한 방편인 것이다. 그래서 의식주를 해결하고 자식도 낳아 다음세대도 키우려면 돈도 필요하니, 경제적 활동도 하며 대인 관계도 잘해야 하는데, 이런 생활들을 영위해 나가기에 좋은 시스템이 결혼이라는 사회제도가 된 것이다.

남녀 구조의 장단점을 살려서 서로 편리하고 즐겁게 인생을 살아가는 수단이 결혼이라는 인식을 가져야만 결혼이 가능하고 그런 인식 없이 나 혼자도 얼마든지 살아갈 수 있으면 독신으로 살면 되는 것이고.

그런 의미에서 평등한 인격체이지만, 남녀의 장단점을 서로 인정하고, 장점은 격려하고 단점은 보완하면서 불완전한 인간이 좀 더 인간적인 생활을 누리고픈 이해의 결합이 행복한 결혼의 기본자세가 아닐까 생각한다. 이런 기본 의식이 없으면, 30년 이상 다른 인간으로, 다른 생활방식으로 살아온 남녀가 신뢰하고 사랑하는 결혼이 되기는 어렵다고 본다.

부부가 되어 살아가는 일상에서도 무수히 많은 어려운 일들이 발생하고, 전혀 예상치 못한 갈등들로 결혼생활을 위협할 때, 내가 나의 반려자로 인생을 같이 하기로 한 약속을 되새기며 인내하고 유한한 삶이 다할 때까지 서로 끊임없이 인간적인 사랑으로 하늘이 준 인연의 삶을 감사하고 항시 인간의 부족함을 공유해 나가는 과정이 부부로서 가야 길이라고 생각해본다.

아들, 경우에게

경우야, 요즘 여친 만나느라 바쁘지? 만나면 즐겁고 만남이 기다려져야 되겠지?

아버지가 몇 가지만 조언하려한다.

첫째, 첫 만남의 인상이다. 많이 감성적인 부분인데, 그 첫인상이 만남에서 매우 중요한 부분이다. 인간의 뇌는 대상에 대한 호불(好不)이 직관적으로 인식이 된다. 그 인식은 살아오면서 쌓인 지식과 경험에서 반영되는 의식이라서 이성적이기보다는 감성적이고 선호의 주관적 판단이다. 그래서 내가 좋으면 좋다는 인식이지만 이성과의 만남에서 중요한 요소이다. 타인이 보기는 별로인데 자신은 좋아하는 경우와 같은 것이지.

둘째, 만남이 지속되면서 여러 가지 상황이 일어나게 되는데, 첫인상은 그저 그런데 만날수록 정이 가고 매력이 보이는 상대가 결혼상대로는 좋다고 본다. 그런 인식은 첫째로 상대에 대한 신뢰가 쌓이고 있다는 증거다. 결혼을 전제로 한 만남에서 가장 중요한 것은 상대에 대한 믿음이다.

그 신뢰는 인격이 기본인데 여자로서의 감성, 자신의 감정과 이해관계를 참을 수 있는 여성의 부드러움, 지식이 아닌 지혜로운 판단력, 남들과 어울릴 줄 아는 사회성과 친화력 등이야.

경우야, 여자가 좋아하는 남성상은 무엇인지도 생각해보고, 자신의 가치관을 정립해서 여친이 너를 존경은 안하더라도 '저 사람은 내 삶을 맡길 수 있겠구나.'하는 확신을 줘야한다. 네가 결혼 상대라고 판단이 되면 말이다. 물론 그 조건에는 너의 경제력, 용모, 인격 등이 있겠지.

중요한 것은 여친이 너에게 결혼상대로서 무엇에 가치를 두는지를 이해하면 판단은 쉽게 할 수도 있다. 네가 컨트롤할 수 없는 이상을 바라고 있다면, 결혼생활은 힘들 것이다. 네가 여친의 생각과 인격에 대한 신뢰가 없다면 의미가 없다.

결혼은 부모를 떠난 두 사람만의 여행의 출발이다. 출발의 시작부터 서로 간 애정과 신뢰가 없으면, 그 여행은 좌초되는 아픔이 오겠지. 인생의 실패다. 성격문제로 이혼한다는 것은 서로 믿지 못하는 결과이기도 하다. 사랑한다는 말은 쉽게 할 수 있지만 나는 너를 믿는다는 말은 쉽게 할 수 없지. 무섭도록 의미 있고 힘이 있는 말이기에……, 신뢰는 하루아침에 형성되는 것이 아니기에, 자신의 인격을 쌓고 부단한 자기 성찰이 필요하다.

남녀가 자신의 인격 향상을 위해서 부단히 노력하는 자세가 되어 있는지가 행복한 인생이기도 하다. 결혼생활도 자신의 인생에 중요한 일부이니까.

회사생활도 내 주변 사람들에게 신뢰를 쌓아 가면 사회생활의 반은 성공한 것이다. 정직하고 진실된 자세로 일하다보면, 행복은 찾아오게 마련이다.

나 자신의 생활을 종종 되돌아보고 자신을 믿어야 타인도 너를 믿고 사랑을 줄 수 있다. 중요하다고 여겨지는 문제일수록 서두르지 말고 깊이 사고하는 버릇을 길러가기 바란다.

경우야, 누군가 너를 좋아하고 있다는 것은 행복이라는 것 잊지 말고. 파이팅!

어머니 병실에서

꿈결같이 봄이 왔다. 그리고 꽃이 꿈결같이 피고 또 꿈결같이 지고 있다. 지난 계절의 어둡고 암울했던 분노와 함성의 시련 속에서도 봄은 변함없이 우리 곁에 왔다.

17세기 지동설의 지지로 탄압을 받던 갈릴레이가 "그래도 지구는 만물의 중심인 태양주위를 돌고 있다."고 말한 진리처럼 우주와 자연은 위대하고 찬란하게 추위를 이기고 보란 듯이 봄의 향연을 노래하고 있다. 움츠렸던 몸과 마음을 벌거벗고 따사로운 봄의 향기를 누려본다. 축복이다.

우리 인간이 지구역사에 가장 위대한 생명체임에는 의심할 여지가 없지만, 우리는 유한자적 삶을 살다 간다. 그것은 신이 주신 자연의 섭리이기도 하다.

나이가 들고 쇠약해지는 것은 우리의 숙명이지만, 죽음 앞에서는 인간은 나약하고 초라한 존재다. 우리세대가 자주 경험하는 부모님들과의 이별이다. 사실 죽음을 예측하지 못하고, 대비하지 못하고 사는 것이 우리들의 일상이다.

하지만 병상에서 죽음을 어떻게 맞이할 것인가를 얘기하는 자체가 우리 모두가 터부시 하는 논제이기도 하지만, 죽음도 우리 삶에 중요한 일부라는 것도 사실이다.

의술의 발달로 생명의 연장이 가능해진 것이 인간에게 축복일지도 모르지만, 그 사실 속에서 깨닫는 삶과 생명에 대한 의미는 많은 고뇌를 필요하게 만든다.

존엄한 죽음, 사랑하는 가족과의 아름다운 이별, 평소 죽음에 대한 우리들의 가치관 등, 조금은 망설여지고 두렵고 슬픈 생각들이지만, 오늘을 더 행복하게 살기 위해서라도 한번은 생각해봄직한 주제이기도 하다.

제대로 죽고 싶다면, 오늘을 더욱 치열하게 신명을 다하여, 하나뿐인 내 고귀한 삶이 다하는 그날을 위해서 우리 모두 이 봄을 맘껏 즐겨보자. 지나가는 바람처럼, 똑같은 봄과 사랑은 다시 오지 않는다. 봄날이 간다.

- 엄니가 병원에 계신 4월 9일에.

어머니의 추도식

꿈결같이 꽃이 피고, 꿈결같이 꽃이지는 5월 어느 날, 지상의 삶은 다른 어딘가의 사후세계로 가는 짧은 여행이라는 말처럼, 유난히 꽃을 사랑한 당신은 새벽 꽃길을 따라 당신이 소망하시던, 영원한 안식처인 하느님의 품으로 홀연히 걸어가셨다.

무남독녀 외동딸의 운명으로 자라온 천성으로, 늘 고고함을 잃지 않고 살아오신 인고의 세월 80여 년……. 의지하시던 아버님까지 일찍 떠나보내시고 30년을 쓸쓸히 살아온 당신의 외로움을 자식인들 어찌 헤아릴 수 있었을까?

엄마라는 숙명으로 밤낮, 가족의 안녕을 기도하시던 당신. 병상에서도 오로지 자식의 건강과 사랑에 목 메이시던 어머니…….

하늘나라로 먼저 떠난 아들, 종수와의 이별마저도 알지 못하시고 떠나시는 당신의 뒷모습에 눈물이 어린다.

당신 앞에서는, 아직은 어린 우리이기에 당신과 함께 같이 하지 못한 시간들을 후회와 그리움으로 채울 수나 있을는지요.

부디, 믿음의 찬양으로 구원 받기를 원하시는 하느님의 천국에서 이승의 모든 슬픔 내려놓으시고 사랑하는 아들과 주님의 축복 속에

평안한 동산에서 영생하십시오.

사랑하는 어머니를 떠나보내는 우리들의 이별은 엄마의 품같은 봄날과 함께 허망하게 흘러갑니다.

다시 부르고 싶은 어머니. 죽는 날까지 우리들 가슴에 사무칠 당신을 한없이 사랑합니다.

언젠가 당신의 보고픈 얼굴을 다시 볼 수 있기를 꿈같은 봄날의 소망으로 띄워봅니다.

어머니, 사랑합니다.

- 2017년 5월 6일. 꽃길 따라 천국으로 떠나신 어머니를 보내드리며.

보고 싶은 종수야

유월 푸르른 어느 날, 너와의 이별이 무엇인지도 모르고 먹먹히 떠나보낸 그 자리에 오늘 다시 네 앞에 서있다. 부조리한 병마의 슬픔이 남기고간 빈자리의 울림은, 삶은 참으로 허망하고 서글프다는 되새김으로 너와의 추억 속에서 메아리치곤 한다.

너를 보고 싶어 하는 어머니의 간절한 기도는 오늘도 너는 어머니 가슴속에 살아있고 언젠가 우리 품으로 돌아온다는 소망의 강물이 되어 변함없이 흐르고 있다.

몸은 서로 떠나 살고 있지만 우리가 나눈 영혼의 기쁨들은 늘 우리 곁에 살아 숨 쉬고 있기에 너무 외로워하지 말자. 어차피 이승의 삶은 우리들 모두처럼 떠나가는 존재들이 아니겠느냐. 너와의 공간적 시간적 이별이 우리에겐 서로를 그리워하는 멈춤의 시간이기를 바래보곤 한다.

종수야, 우리가 우주의 가장 아름다운 행성 지구에서 특별히 만나 너와 함께 나눈 잊을 수 없는 우리의 만남을 다시 한 번 기려보며, 네가 바라던 평화로운 하느님의 안식처에서 행복한 날들로 잘 지내거라. 종수야. 사랑한다.

2부
나래를 펴고

세계기업으로 발돋움한 현대자동차 직장생활

(1977. 1 - 1980. 4)

군 제대 후 76년 봄, 4학년으로 복학하며, 장래 문제를 고민한 결과, 취직시험 준비를 최우선으로 정하고 전공, 영어 과목 공부에 시간을 투자했다. 군복무로 인한 1년 반의 학업 공백 기간이 있어서 심적으로 조금의 초조감도 있었지만, 열심히 입사시험 준비를 한 결과, 현대자동차에 합격하여 11월부터 오리엔테이션 교육을 받고, 77년 1월부터 총무부 인사과에 배치를 받고 사회생활의 첫발을 내딛었다.

인사과 주관으로 교육을 시키는 과정에서 나를 선발한 이유는 잘 모르겠지만, 부서 발령을 주관하는 인사부서가 나를 선택한 점에서 기분은 좋았다.

근무를 시작하며, 내 나름의 원칙을 세운 것 두 가지가 있다.

첫째는 출근은 정해진 출근시간보다 30분 전에 도착해서 업무를 시작한다.

둘째는 나를 위한 업무일지를 작성하고 맡겨진 업무는 가능한 미루지 않는다.

항상 남보다 일찍 출근하여 차 한 잔 마시며 당일 업무를 계획하고 일하는 습관은 업무를 빨리 습득하고 회사 분위기 적응에 많은 도움이 되었다.

광화문 현대빌딩에 위치한 본사 사무실을 버스로 출퇴근 하며 나름 신입사원의 티를 조금씩 탈피하는 2년이 금세 지나고, 자동차 사무실이 광화문에서 종로구 연지동 휘문고등학교 건물(현 현대그룹 빌딩)로 이사하며, 새롭게 직장생활을 시작했다. 임시로 학교 건물을 사무실로 개조하여 운동장이 있는 직장은 넓어서 종종 운동하기도 좋았다. 부서별 축구시합도하며 직원 간 친목과 단합을 도모하는 시간이 지루한 직장 생활에 활력이 되곤 했다.

1970년대 초에 포니 브랜드로 국산자동차가 생산되면서 현대는 국내자동차 산업의 선두주자로 획기적 발전의 시기를 맞이한다. 70년 말에는 포니 주문 후 출고까지 3개월 이상 기다릴 정도로 수요가 폭발했다.

하지만 80년대 초 2차 오일쇼크가 경제를 압박하면서 자동차산업은 침체되기 시작한다. 호황기에는 포니 판매 영업직 사원도 수시로 모집하다보니 인사과도 업무가 많아지며 영업직 유일한 시험과목인 상식시험 문제도 내가 출제하고 선발하기도 했다.

토요일이 반공일인 시절이지만, 폭주하는 업무로 일요일 근무도 자진해서 많이 하던 시절이다. 현대는 매년 신입사원 여름휴가를 3박4일 동안 회사가 주관하여 단체로 강원도 경포대에서 야영하는 전통을 갖고 있다.

행사주관 부서를 인사부에서 계획하고 진행하라는 총무부장의 지시로 나는 실무자로 임명, 예약, 경비지출 등 모든 업무를 수행하다보니 여름 휴가철만 되면 강원도를 3번씩 다녀오곤 했다. 많은 추

억이 남겨진 젊은 날 직장생활의 한 시절이었다.

사실 현대자동차 발전의 밑거름은 포니모델이었고, 포니가 영업용 택시로 인기를 끌면서 품질에 많은 발전이 있었다. 그 중심에는 자동차 대표이사 고 정세영 사장의 공헌이 지대하다고 해도 과언이 아니다.

옆에서 지켜본 그분의 경영자로서 장점은 자동차는 많은 부품의 종합 산업이라는 점을 인지하여 엔지니어 출신을 우대하며 품질 향상에 직접 많은 지원과 노력을 아끼지 않았다는 사실이다. 매달 한두 번씩 울산에서 자동차를 본사로 옮겨와 영업부서 간부와 고객의 목소리를 반영하여 품질 체크를 하는 모습을 목격하곤 했다.

고인이 되셨지만, 대표이사 정세영 사장이 노력한 땀의 결실로 세계적 자동차 회사로 성장시킨 현대자동차를 형님이신 정주영 회장이 큰 장손 정몽구 조카에게 넘기라는 한마디에 조용히 양도하는 동생의 모습에 개인적으로는 형제간의 우애를 실감하면서 동시에 조금은 아쉽다는 동정심도 없지 않았다.

하지만 대표이사가 된 정몽구 회장도 현대자동차를 더 훌륭한 세계 일등 자동차기업으로 발전시키고 있는 현대그룹 경영에 퇴직자로서 만족과 응원의 박수를 보내고 있다.

현대자동차는 초기에 미국 포드자동차회사와 기술협약을 맺었고, 포드 자동차를 국내에서 조립 판매한 코티나 마크4는 인기 차종이 되기도 했다. 추후 정세영 사장이 포드와 결별하고 독자 노선을 취한 결단은 높이 평가 받아 마땅하다. 포니자동차가 시장에서 크게 성공하였지만, 좀 더 좋은 차 생산을 위해 폭스바겐, GM 등과도 기술협약을 시도한 시기도 있었다.

현대자동차가 세계시장을 상대로 발전한 기업으로 성장하는 배경에는 현대와 수많은 부품회사간의 긴밀하고, 피나는 노력이 이룬 품질관리 협업의 과정을 거치며 기적 같은 성공스토리가 가능했다. 우리나라 자동차부품은 오늘도 세계 유명 자동차회사로 수출되고 있다.

중동 사우디아라비아 해외생활

(1980. 12 - 1982. 6)

현대자동차를 퇴사하게 된 사유는 3년 넘게 재직하면서 인사부서 업무로는 자기개발에 대한 한계로 인한 권태 그리고 젊었을 때, 대학원 진학으로 공부를 좀 더 하고 싶은 욕구에서 퇴직을 결심했다.

또한 상공부 산하기관인 중소기업진흥공단 설립 초기, 경영지도반 채용에 100여 명이 응시하여 필기시험에 8명이 합격했기에 당연히 면접은 큰 하자가 없는 한, 합격하리라 기대를 하고 현대자동차에 미련 없이 사표를 제출했다. 불행히도 면접은 요식행위였고 합격자는 이미 내정되어 있었다는 사실을 추후에 알게 되었다.

분했지만 순진한 내 자신을 탓하고 있는 중, 자동차에서는 사표를 재고하고 다시 근무하라고 충고를 했지만, 거절하고 잠시 쉬면서 자신의 미래를 숙고해 보기로 결정했다. 지난 회사생활은 잊고 집콕생활을 하며 7개월 동안 보고 싶은 책 독서로 나만의 시간을 즐겼다.

휴식도 잠시, 총각신세로 집안에 틀어박혀있는 것도 부모의 눈치를 피할 수 없고 심적으로도 불안감이 누적되던 차에, 우연히 신문 채용공고를 보았는데, 그 회사가 국제그룹 계열사 중 하나인 국제종합건설 중동 파견 직원 채용공고였다.

해외 근무도 도전해보고 싶었고 국내를 벗어나고픈 심정에 기회다 싶어, 응시에 합격하여 해외인력부에 배치를 받고 1개월 정도 근무하는 중 사우디아라비아 중동본부가 있는 담맘으로 발령 받아 1981년 12월 27일 출국한다.

새로운 세계에서 일해보고 싶은 열망의 벅찬 기대를 안고 먼 이국 사우디아라비아 담맘시 중동본부에 도착하니 업무담당 상무님이 총무 일을 하라고 명하신다. 처음에는 현지 사정도 모르니 시키는 대로 했지만, 알고 보니 본부 사무실을 설립한지가 얼마 되지 않은 초기 단계라 사무용품은 물론 100여 명에 가까운 직원 숙소까지 관리하는 업무로 총무 일이 밤낮 구분 없이 발생하고 있었다.

더구나 현지인과 대화 가능한 영어실력과 운전면허를 갖추어야 업무를 볼 수 있기에 나를 총무 부서에 배치한 이유를 알았다. 어느 정도의 의사소통과 운전 경험이 있는 직원이 없다보니 총무일은 마비되고 더욱 처리할 일은 산적해있었다.

일반적으로 건설 종사자들의 성격이 좀 거칠고 급한 것을 처음 접하는 나로서는 직원들과 얼굴을 붉히는 사례가 빈번해지며 국제라는 직장에 대한 실망과 회의감으로 밤잠을 설치며 혼자 눈물을 쏟기도 했다.

고민 끝에 담당 상무에게 중도 귀국할 결심을 하고 인사 상담을 신청했다. 적당한 직원을 찾지 못하는 상무님의 난처한 입장도 이해가 되고 총무업무가 정상화 되는 시점까지만 도와주면, 내가 원하는 부서 배치를 보장하겠다는 간곡한 부탁에 총무 업무를 5개월 맡아 하고 있던 차, 당시 중동통괄본부장 김덕영 부사장이 나를 비

서로 임명하겠다며

기획실 김진 실장이 면담을 요청한다.

해외수주를 총괄하는 본부장 직책상 해외 전화 통화는 물론 공사현장을 다니며 업무를 협의하는 일정을 도와줄 비서가 필요해 적임자를 찾던 중이었다고 한다. 새로운 업무로 명을 받은 직책은 중동본부 총괄본부장 김덕영 부사장의 업무를 보조하는 비서자리였다.

사우디정부는 법으로 여자의 사회생활을 제한하고 있어, 일반 직장에서 여자의 모습을 찾아볼 수 없다. 도시 내에서도 여자들은 검은 천으로 얼굴과 손등을 가리는 차도르라는 복장을 하고 다닌다. 사우디는 이슬람교의 종주국이라고 자처하는 나라로 율법이 엄격하고 이를 어기면 외국인은 바로 추방된다. 음주도 불가하고 현지 여자와의 접촉도 절대 허락되지 않는다.

김 부사장은 국내외를 정기적으로 순회하며 중동 근무 시는 각 공사현장을 순방하면서 현장보고도 받고 공사수주를 지휘하는 중동지역 책임자다. 김 부사장은 국제그룹 양정모 회장의 다섯째 사위로서 미국 남가주대학을 졸업하고 양 회장의 뜻에 따라 중동본부 총괄본부장을 맡고 있었다. 현장 위주로 처리하던 업무를 김 부사장이 취임하며 담맘에 지휘부 조직을 만들어가는 시점이었다.

공사 중 수주 금액이 제일 큰 담맘 지역의 상하수도 건설공사를 필두로 알하싸, 리야드, 쥬베일 등 5,6개 정도의 공사를 추진하고 있었고 리야드에 수주 담당지사와, 젯다지사를 운영하는 조직이다.

부사장과 비행기 1등석에 동행하며 사우디 많은 지역을 돌아다녔고 비서라는 직분 덕에 파리 출장까지 가보는 행운도 얻었다. 감옥

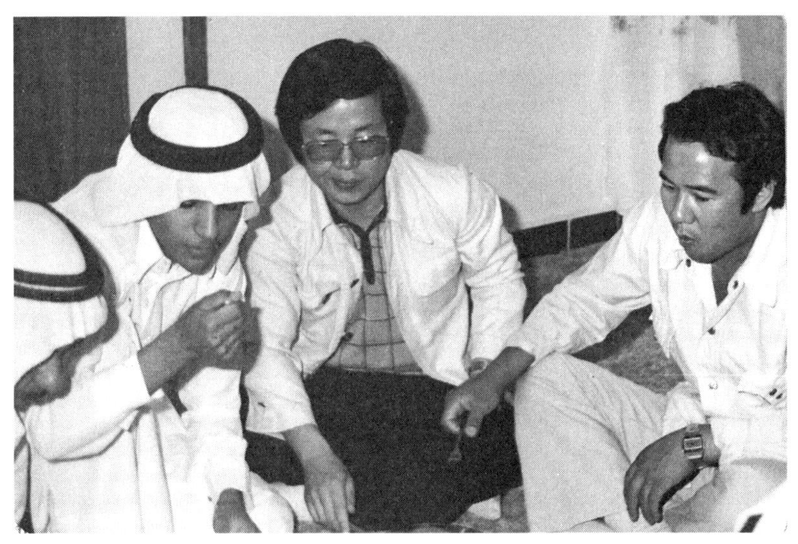

같은 생활에서 처음 가본 파리는 환상의 도시 같았고, 역사가 있는 드골호텔 숙박과 저녁 리도쇼는 말로만 듣던 상상이 현실로 체험하는 시간이었다. 특히, 밤늦도록 혼자 파리 시내를 활보하며 길거리 쇼를 보는 재미는 꿈만 같은 밤이었다.

중동생활 1년이 되면 직원들은 고대 고대하는 서울 휴가를 얻는다. 비행기만 바라보면 언제 나도 귀국 비행기를 탈 수 있을까 하던 소원이 비행기 좌석에 몸을 기댄 순간, 세상이 모두 내것 같은 착각으로 황홀감에 빠진다.

일찍 세상을 하직했지만, 술 좋아하던 대학동창이고 군 동기인 김영배 친구를 칼 수튜어드로 일하는 귀국비행기 안에서 만날 줄은 꿈에도 생각지 못한 반가운 만남이었고 그 후 20여 년이 지난 뒤 우연히 서울에서 만나 옛 이야기를 나누기도 했다.

1개월 동안의 짧은 휴가기간은 결혼 상대를 선보는 시간으로 보내고, 처음 만난 지 20일 만에 약혼식을 올리는 숨 가쁜 일정을 뒤로 하고 다시 중동의 일자리로 돌아왔다.

중동 근무기간 동안, 가깝게 지낸 특별한 상관 분이 한 분 계신데 김구 선생의 장손자이신 김진 씨다. 김 부사장의 미국대학 동기로 만난 인연으로 중동까지 오게 되었다고 한다. 영어는 물론, 공군 장군이셨던 아버님 김신 대사를 따라 대만에서 자라며 배운 중국어도 능통하다.

얼핏 봐도 김구 선생 얼굴을 떠오르게 하는 착하시고 유머가 있으신 선배 같은 분으로 국제그룹 해산 후 개인 기업을 하다, 김대중 대통령의 배려로 LH 전신 한국주택공사 감사로 취임하여 사장까지 영전되었지만, 불행히도 불미스러운 일로 고초를 겪는 모습을 멀리서 지켜봤다. 자세한 내막은 모르지만, 돈이라는 위험한 제물에

명예가 손상되는 슬프고 안타까운 사례라고 아니할 수 없다.

노무현 대통령은 김진 주택공사 사장을 원호처장에 임명할 계획을 갖고 있었던 시기에, 그는 뇌물수수죄로 판결 받고 감옥신세를 지고 나온다. 개인적으로는 한동안 김진 씨 가족과도 교류가 있었던 나로서 그분의 가족 배경과 경력을 감안해볼 때, 어떻게 치욕스러운 범죄에 연루되어 김구 선생의 장손이라는 명예까지 훼손시키는 믿기 어려운 신세가 되었는지 의아할 뿐이다.

휴가 후 중동생활 6개월이 지나, 김 부사장의 특별한 배려에 싱가포르 지사로 발령 받아 근무지가 사우디아라비아에서 싱가포르가 되었다. 그 당시 싱가포르에는 회사에서 수주한 작은 규모의 콘도미니엄 건축공사를 준비하며 발주처와 가격을 상담하며 계약서를 준비하는 단계로 발주처와 회의를 준비하는 사무직 직원을 찾던 중, 나를 그 자리로 급파했고 동시에 동남아 지역 건설수주 담당도 임무중 하나가 되었다.

사우디아라비아의 건설시장은 현대그룹의 모기업인 현대건설을 세계적 기업으로 성장시키는 초석이 된 기회가 되었다. 10억불에 가까운 쥬베일 산업항 공사수주와 성공적 완공은 현대건설을 세계 건설기업으로 발전하는 모멘트가 되었고, 현대기술이 세계적으로 높이 평가 받는 사건이었다.

그 당시 수주액의 30%를 선수금으로 받는 계약조건은 국내 경제를 활성화시키는 중대한 역할도 했다. 70년대 박정희 대통령의 중화학공업 발전 정책과 맞물리며, 현대는 일약 국내 최대 기업군으로 성장한다.

싱가포르 생활

(1982. 8. - 1983. 10.)

싱가포르로 발령을 받고, 결혼을 위해 잠시 서울로 귀국하여 15일 정도 결혼식과 짧은 신혼여행을 마치고, 정신없이 싱가포르로 돌아왔다. 공사 금액 산정을 위해 공사 담당소장, 견적 팀이 싱가포르 출장으로 호텔에 상주하던 중이라 중간에서 할일이 많았다.

가장 큰 문제는 수주한 공사금액이 낮아서 적자 공사가 될 가능성이 많고, 설계대로 공사할 수 있는 기술력이 부족한 이유로 엔지니어들의 호응이 매우 부정적이었다.

발주처와 파트너인 감리팀과 회의를 거듭하며 공사금액 조정을 하는 도중에, 나는 발주처 원본 서류와 계약서 내용에 큰 차이가 있음을 발견하고 상부에 보고한 결과, 공사 진행을 하지 않기로 결론이 났다.

호텔에 머물던 본사 직원들은 서울로 돌아가고 2개월 동안의 호텔생활을 정리하고 나는 국제상사 사무실에 건설 주재원으로 합류하여 별도 업무를 시작했다.

해외주재시 가족동반이 허락되고 해외 주재수당, 주택 임대수당 혜택을 받아, 아내와 함께 싱가포르 신혼생활을 시작했다. 회사 차량으로 도요타 승용차도 구입하고 아파트도 임대하여 해외 주재생활도 안정을 찾게 되었다.

당시, 회사는 서호주 지역에 가스파이프 연결공사를 하고 있었고 퍼스지사에 10여 명의 인력이 상주하며 서호주정부와 알루미늄 생산 공장을 건설하는 대형 프로젝트를 추진하고 있었다. 그러다보니 싱가포르를 경유하여 서호주 퍼스로 출입국하는 직원을 지원하는 업무도 싱가포르 지사의 업무 중 한 분야가 되었다.

70년대부터 시작된 중동 건설 붐을 기점으로 국내 그룹회사 산하에 건설회사 설립이 우후죽순으로 생겨나다 보니, 국내회사 간 수주 경쟁이 치열해지며 마찰과 피해도 커지고 있었다.

싱가포르에는 쌍룡건설이 래플즈 시티공사 수주로 성장해나가고 있었고 국제건설은 건설부 방침에 따라 싱가포르 지역 건설 수주가 불가해짐에 따라 지사를 철수할 수밖에 없었고, 본사 방침에 의해 나는 말레이시아 쿠알라룸프루(K.L)로 지사를 옮겨야 했다.

싱가포르에서 생활하는 동안, 사업가 중국인 Mr 포, 회계사 Mr 탕 이름의 친구들과 어울리며 테니스도 즐기고, 여러 종류의 음식을 즐길 수 있는 뉴톤서커스 호커센터에서 지인들과 자주 만나 맥주도 참 많이 마셨다. 열대다습의 지역이다 보니 맥주를 많이 마시게 되고, 현지인들도 많이 즐기는 편이다.

뉴턴서커스는 싱가포르에서의 추억이 많이 깃들어 있는 음식점 센터로 싱싱하고 맛있는 해산물 요리가 일품이다. 회사를 위해 할 수 있는 건설수주 활동이 국가시책으로 제한되다 보니, 결과적으로는 신혼생활만 즐기다 떠난 1년여 동안의 해외생활이 되고 말았다.

싱가포르는 1965년 말레이 연방으로부터 독립한 화교국가로 모든 경제권은 중국인에 의해 운영되고 리관유 수상이 정치권을 지배하며 발전한 나라다. 리관유의 리더십은 공정, 공평한 국가건설을 목표로 부패를 척결하는 모범을 보이며 국민들의 신뢰가 매우 두터운 정치지도자다.

법적용이 엄격하고, 자유 무역을 토대로 동남아 무역의 중심지며, 영어가 통용어가 되어 외국인투자가 매우 활발하다. 항구 앞바다에 줄지어 대기하고 있는 선박들의 야경은 싱가포르의 국가 경쟁력을 실감할 수 있다.

열대해양성 기후로 덥고 습한 위치의 약점을 극복하며, 무역은 물론, 동남아 최대 관광도시 중 한나라로 발전시키는 역량은 중국인 특유의 근면성과 절약 그리고 뛰어난 경제 감각에 기인한다고 볼 수 있다.

내가 살던 아파트 건물 주인이 허름한 러닝셔츠 하나로 일 년 내내 부지런히 일하는 모습은 화교들의 검소한 일상을 인상적으로 보여준다.

화교들의 경제력은 말레이시아 정글 속 지방 곳곳까지 확인할 수 있을 뿐만 아니라, 동남아 도시 중심 고가지역에 자리 잡고 상급 식당을 운영하는 현지인은 대부분 중국 화교들이다.

중국이 시장 경제로 전환하면서 중국경제가 활성화되는 투자의 많은 부분이 세계 여러 지역에 산재한 화교들의 seed머니라는 주장에 수긍이 가고도 남는다.

정이 어린 말레이시아 K.L생활

(83년 10. - 85. 8.)

싱가포르에서 K.L로 이사를 오면서 처음 본 말레이시아에 대한 인상은 덜 개발되었고 조금은 자연미가 있는 조용한 나라 느낌이 들었다. 당시 수상은 마하티르 모하맛으로 동방정책을 전개하면서 강력한 리더십으로 1997년 외환 위기에도 자본통제 정책으로 경제 위기에서 벗어난 신흥공업국으로 성장한다.

당시 한인들은 대부분 암팡자야라는 지역에 모여 살았고, 나는 그곳에서 조금 떨어진 지역으로 이사를 했다. 마침 같은 동네에 한인 회장 이팔용씨가 이웃하시어 한인들과의 친분도 쉽게 이루어졌다.

회사 업무는 건설수주를 목표로 국제그룹과 사업적으로 인연이 있는 현지 파트너의 사무실을 공유하면서, 현지 건설시장 입찰 정보 수집과 서울 본사에서 주는 건설 정보를 토대로 동남아 지역 수주활동에 전념했다.

주재하는 동안, 말레이시아 지방은 물론, 태국, 필리핀, 스리랑카 콜롬보 등을 출장 다니며 동남아국가의 경제 현실도 자연스레 체험하는 계기도 갖게 되었다.

마침내 , 2년여의 수주 활동의 결과 현지파트와 함께, 시에서 발

주하는 현지 주택 건설공사 수주(수주액 1,500만 불)에 성공했다. 서울 본사 김덕영 그룹 부회장의 지시로 파트너 회장을 대동하고 본사에서 계약서를 작성하기로 날짜까지 계획하고 1985년 1월 25일 서울행 비행기 티켓까지 준비하고 있었다.

그런데 황당하게도 본사에서 급한 일이 있으니 출장을 보류하라는 지시가 떨어졌고, 며칠 지나 국제상사가 파산 위기에 직면하고 있다는 뉴스를 접했고 1985년 2월 20일 재계서열 7위 국제그룹 해체라는 날벼락 같은 소식을 전해 받았다.

마침내 2여 년 노력 끝에 건설공사 수주가 이루어지려는 순간, 그룹 해체로 모든 노력이 물거품이 되어버린 충격은 감당하기 힘들었고 또한 이해가 되지도 않았다. 하지만 정부가 결정해 발표된 상황에서 어떤 사후대책도 불가능한 현실을 받아들일 수밖에 없었고 국제그룹 산하 건설부분은 극동건설로, 모체인 국제상사는 한일그룹에서 인수하기로 결정되었다.

나는 쿠알랄룸프루 지사를 폐쇄하는 수순을 밟으며 회사 소속도 없는 무소속 직원으로 6개월을 보내는 시간은 암울했다. 6개월의 허송세월 동안 과음 상태에서 교통사고로 얼굴을 20여 바늘 꿰매는 불행도 겪기도 하고, 정든 말레이시아에 정착해볼까 하는 고민도 많이 해봤지만, 아직은 30대 후반의 나이를 감안해 일단 귀국하기로 결정을 했다. 돌아오는 귀국 길에 가족과 함께 방콕, 타이베이, 홍콩, 일본 관광으로 침울한 기분을 달래기도 했다.

말레이시아 국가는 처음 정착 시 좋은 인상을 갖지는 못했지만, 시간이 갈수록 살기에 좋은 지역임은 물론, 발전 가능성이 높은 나라라는 인식이 깊다.

첫째, 경제가 안정되어 있고, 자원도 풍부하며 외국인이 살기에 치안이나 생활물가가 잘 유지되는 국가다. 둘째는, 정치나 사회 전반이 안정되어 있고 국민성도 온화한 조용한 나라로서 지금은 노후 생활을 보내기에 아시아 국가 중 1등급 지역으로 각광 받는 나라가 되었다.

영어도 비지니스 사회에서는 잘 통용되는 개방된 시스템이고 인종 갈등이나 차별이 없는 선진국 대열로 가고 있는 자유민주주의 국가다. 말레이반도와 보르네오 지역에 풍부한 광물, 산림자원은 물론 관광자원으로도 경제 발전가능성이 높은 매력 있는 나라다.

국제그룹 해체의 뒷이야기

국제그룹이 해체되는 과정에는 정치적 뒷얘기들이 많이 회자되곤 한다. 1980년대 초부터 2차오일 쇼크 이후 경제는 매우 어려운 시기를 거치며, 전두환 정권은 부채가 많은 부실 그룹 정리를 목표로 어려운 경제여건을 극복하려는 정책을 펼친다.

문어발식 기업 확장을 억제하고 기업을 혼내 주겠다는 차원을 넘어 신군부의 정치적 목적도 다분히 내재된 조치가 바로 국제그룹 공중분해 사건이다. 군부가 재무장관에게 지시하여 제일은행 국제상사 어음을 전격부도처리 하라는 명령으로 국제그룹은 졸지에 공중 분해된다.

개인적으로는 국제그룹해체 4,5개월 전에 친형으로부터 국제그룹이 망한다는 믿기 어려운 소식을 전달 받았다. 전화상으로 형의 전언은 상당히 신빙성 있다며 나에게 대비하라는 말도 했지만, 당시 나로서는 이해할 수 없는 허무맹랑한 소문으로 밖에 들리지 않았고 형이 술 한 잔 하고 뜬소문을 전해주는 정도로 간주하고 있었다. 그 당시 대우그룹을 비롯한 많은 대기업들도 경영 악화에 따른 자금난으로 부도설이 떠돌던 때이기도 했다.

하지만 형은 극동건설에 근무하며 회사 중역으로 있는 김용산 회장 아들과 가깝게 지내는 사이로 당시 상황을 사전에 전해 듣고 나에게 미리 알려준 것이다. 국제그룹해체 발표 몇 개월 전에 이미 신군부와 정부는 사후 정리를 위해 인수업체 회장들과 비밀리에 회의를 하고 결정을 해놓았다는 증거이기도 하다.

부산 사상에서 신발 공장을 시작으로 국제 화학과 상사를 발판으로 재계 6위 그룹까지 성장하다보니 문어발식 경영이라는 약점도 있었다. 또한 국제그룹은 소비 제품 생산을 위주로 하는 기업에 속하기 때문에 국가 미래 경제 발전에 크게 기여하는 효과는 적었다.

따라서 정부로서도 그룹을 정리하기에 타 기업(예, 대우그룹)에 비해 경제적 충격이 적었고 인수인계 과정도 용이한 측면에서 국제그룹을 선정했다는 외삼촌 은행관계자들의 의견도 매우 신빙성이 있다고 볼 수 있다.

프로스펙스 상사, 용산 건물은 한일그룹으로 건설부문 그리고 동서증권은 극동건설로 인수되었다. 추후 한일그룹은 파산되고 극동건설도 다른 회사로 넘어가는 운명이 된다.

신군부는 이를 계기로 대기업 회장들을 손에 쥐고 손익을 계산하며 정치 자금을 마음껏 축적해나가는 시발점이 되었다고 해도 과언이 아니다. 전두환, 노태우가 대통령 재직 시 불법으로 축적한 돈이 과연 얼마인지는 아직도 미지수로 남아 있다는 사실 만으로도 그들의 죄값은 결코 법적인 형벌에서 그쳐서는 안될 법죄다.

그자들 때문에 얼마나 많은 사람들이 피눈물을 흘렸고, 아직도 힘든 삶을 살아가고 있는 많은 피해자들이 있다는 현실과 무관하게 그자들은 반성 없이 고개를 쳐들고 버젓이 살고 있다.

군이 정치를 주무르며, 온갖 불법적 행동으로 재계 경제 질서를 파괴하는 특권을 누린 노태우 주변 군 장성들(소장에서 총무처장관까지 임명된 이문석 등)이 정치, 경제 권력을 좌지우지 하던 시대였다. 노태우가 고인이 되어 그의 공로를 치적 삼아 얘기하고들 있지만, 재계에 끼친 폐해는 잊어서는 안 되고 교훈적 역사로 남아야 할 시대상이다.

영흥철강 시절

(1986. - 1991.)

국제그룹 해체 후 귀국하며 실업자가 된 상황에서 개인사업과 구직 사이에서 많은 고민을 하다가 구직으로 결정할 때, 마침 현대중공업에서 해외특수영업직 중견사원모집에 응시, 시험에 합격하고 대기 상태에서 국제그룹 부회장이던 김덕영 회장 사무실로 인사차 방문을 했다. 당시 김 회장은 국제 그룹 시 인연이 있는 선배 여행사 사무실에 칩거하며 재기를 계획하고 있던 중이었다.

예의상 현대중공업 입사를 알리고 작별인사를 하자, 김 회장이 자기를 도와주면 좋겠다며 앞으로 함께 일해보자는 제안을 서슴없이 하는 순간, 선뜻 거절하기가 쉽지 않았다.

국제에서 같이 일하면서 그분의 덕과 신뢰로 로열패밀리라는 별칭도 받으며 어린 나이에 해외지사의 경험을 쌓게 해준 은혜, 그리고 다시 나를 불러준다는 의리라는 감성적 심정에 그분의 결정에 따르기로 했다. 현대중공업에서 몇 차례 입사 권유 전화가 있었지만, 거절하고 김 회장이 계획하는 사업을 동참했다. 내 인생의 새로운 변화의 시기를, 전에 모시던 상사와의 재결합으로 시작되는 출발점이 된다.

첫째 사업계획은 부실한 기존 회사를 인수하여 새로운 사업의 기반을 구축하는 작업이었다.

김 회장은 재계와 군 인맥을 동원하여 정보를 수집하며 분석한 결과, 대구에 있는 남선물산 회사가 부도로 파산되며 그 계열회사 중 하나인, 영흥철강회사를 인수하기로 한다. 남선 방직이 모기업인 남선물산은 몇 개의 방계회사를 거느리고 있으며 대구 섬유산업을 리드 하는 기업이었지만, 자금 경색으로 파산되며 타 업체에 인수되는 상황이었다.

김 회장은 동양철관과 손을 잡고 영흥철강을 인수하는데 성공하여 창원에 있는 영흥철강 공장에 인수팀으로 팀장과 나를 파견하고 두 달에 걸쳐 실사 인수 작업을 마쳤다. 회사는 와이어로프를 생산하는, 가동한지 얼마 안 된 건실한 기업으로 부지만 3만 평, 종업원은 200명 정도 매출액 500억 크기의 중견기업이었다.

인수 작업을 마무리하고 서울로 되돌아가기로 되어 있었지만, 제조업인 공장의 중요성을 인식한 회장의 지시로 공장 근무를 시작한 기간이 결과적으로 5년이 된다.

1985년 창원 기계공업단지는 박통시절, 대규모 공단으로 조성되었고 당시는 비어있는 단지도 꽤 많았지만, 주거지역과 공장지역을 구획한 계획도시로 호주 멜버른 도시를 모방해서인지 쾌적한 공단이다. 5년 근무하는 동안 창원 기계공단은 매우 빠른 속도로 발전하였고 공단 부지도 모자라 더 확장해나가는 추세이다.

한국중공업, 대우, 삼성, 쌍룡, LG, 두산 등 대기업 공장이 입주한 우리나라 기계 산업의 메카라고 해도 과언이 아닌 공단이기도 하다.

처음 공단 설립 시에는 큰 규모 단지로 인한 부정적 의견으로 분쟁도 많았지만, 박정희 대통령의 의지로 공단은 눈부신 발전을 거듭했고 자동차 산업은 물론 모든 중공업 발전의 원동력이 된 단지로 변모했다.

국가의 미래 발전을 예측하고 실행하는 지도자의 능력과 결단력을 새삼 실감하는 사례가 아닐 수 없다. 입주한 기업들의 공장부지 가격 상승만 해도 업체들에게는 투자의 덕을 톡톡히 보았고 더 큰 투자를 유치하는 공단으로서의 역할을 내다본 정치지도자의 식견을 정치 싸움만 하는 삼류 후배정치인들은 본받고 노력했으면 하는 바램이다.

창원 영흥철강에서 제조업을 5년 동안 체험하며 얻은 교훈은 노사관계의 중요성과 우리나라 기간산업인 포항제철의 역할이 철과 관련된 모든 산업에 얼마나 공헌하는지 깊이 인식한 시기이기도 했다. 30년 역사 밖에 안 되는 우리 자동차 업체들이 세계 자동차 시장에서 세계 자동차 메이커와 경쟁할 수 있는 원동력은 우리 철강 품질과 가격경쟁력에 기반 한다는 사실을 실감하는 계기가 되었다.

철강, 석유화학과 같은 기간산업의 발전이 얼마나 국가 산업경쟁력에 중요한지를 잊지 말고 제4차 산업을 리드할 기반 산업 역시, 미래산업의 씨앗인 반도체 산업 육성에서 출발함을 상기하고 국가 차원에서 관련 산업에 대한 R&D투자를 적극 지원해야 할 시기가 아닌가 생각한다.

노사분규의 체험

1987년 전두환의 대통령 간선제 등을 골자로 한 4.13조치 시행이 선포되며 그동안 독재 정권하에 억눌렸던 군부독재타도 민주화운동이 전국적으로 확산된다. 이에 차기 정권 후보자인 당대표 노태우가 6,29선언을 발표하고 이를 전두환이 수락하며 민주화 투쟁이 사회 곳곳에서 분출한다.

그동안 군부 독재 하에 숨죽이던 노동개혁 운동이 노동단체 설립을 필두로 전국적인 확산으로 일어나면서 노동조합이 없던 회사들도 노조가 결성되고 노사 간의 투쟁이 본격적으로 시작되는 계기가 6,29선언이다.

근무하던 영흥철강도 노조가 설립되는 과정에서 노사 간 갈등은 심화되고 노조원 대 비노조원 간, 사무직 대 현장직 간의 싸움이 벌어지기도 했다. 정문과 울타리, 사무실까지 봉쇄하고 공장을 노동자가 점령하는 사태까지 벌어지는 현장은 마치 적과 전쟁하는 양상으로 치닫기도 했다.

공장은 폐쇄되고 일주일, 보름씩 생산 중단되는 노사 간 갈등은 87년 이후 매년 봄만 되면 발생했다. 소위 춘투의 계절은 간부직원에게는 1년 행사와 같은 힘든 시간이다.

사측에 대한 요구사항들은 임금협상, 단체 협약 등을 통해 거세게 협상카드로 제시되고 협상이 결렬되면 지체 없이 노조가 주관하는 파업여부 투표를 실시 하지만, 대부분 1차 파업은 정해진 수순이 되곤 한다.

회사경영자로서 노사 간 협상은 사가 불리한 약자의 입장이 될 수밖에 없는 이유는 회사는 파업에 따른 손실을 전부 감당해야 하는 처지에서 노의 요구는 노에게 유리한 협상 결과로 결론 나게 되어 있다. 파업이 장기화 되면, 고객과의 제품공급 계약 불이행 뿐 아니라, 신용도 추락으로 인한 거래처 이탈, 그리고 매출감소로 인한 자금경색이 결국 회사 존립에 치명적 결정타로 작용하는 구조다.

당시에는 한국노동총연맹(한노총)이 노조 단체를 이끌었고 전국금속노동조합연맹 조직이 지역별로 개별 노조 뒤에서 지원하곤 했다. 추후 전금련은 노동계 막강한 조직으로 부상하며 민노총과 함께 노조 양대 산맥이 된다.

노조는 산업별, 직업별로 분화되고 전교조, 전공조 등까지 조직되며 사회정치세력으로 등장하며 우리사회 변화에 새로운 권력단체로 변모하고 있다. 우리 경제나 사회가 좀 더 성숙하고 선진국으로 발전하기 위해서는 노동개혁의 필요성은 절대적으로 필요한 시점이다.

더구나 4차 산업혁명시대에 따른 노동시장의 변화에 대응하기 위해서는 기존 노동법도 수정이 필요하고, 특히 투쟁 일변도의 노조정책은 기업 경쟁력만 감소시키며, 일자리 창출이 불가해지는 노동시장이 된다.

AI 산업의 급발전과 작업장 자동화와 로봇이 노동인력을 대치해

나가는 산업구조에서 노조의 역할은 축소될 수밖에 없기 때문에 노사 간의 대타협은 우리 미래 경제를 위해서 매우 중요한 과제가 아닐 수 없다.

비운의 베네수엘라

(1990년 - 1993년)

영흥철강 내부의 경영권 인사 변동에 따라, 나는 갑자기 예상치도 못한 베네수엘라 지사로 발령을 받았다. 물론 회장과 면담이 있었고, 회사가 추진하는 베네수엘라 알루미늄 smelter공장의 선발대로 나를 파견하며, 5년 정도의 체류기간을 예상하라는 언질도 받았다.

오랫동안 회장과 같이 일해오던 인연으로 회장과의 신뢰 관계가 있기에 해외 주재가 갑작스럽고 준비 안 된 사정이었지만, 1991년 10월초 베네수엘라 수도 카라카스로 출국했다. 가족은 현지 사정에 맞추어 추후 출발하기로 하고 먼저 카라카스에 도착하니 윤성원 부회장이 혼자 숙식을 해결하며 조금은 불편한 생활을 하고 있었다.

윤 부회장은 운전기사 한 명을 고용하여 교통을 해결하고, 당시 사무실은 프로젝트 추진을 돕는 '베이컨 앤 맥킨지' 국제법률회사 사무실 일부를 얻어 쓰고 있었다. 반면에 숙소는 일급주택지역에 위치한 100여 평이 넘는 고급빌라를 임대하고 있었다.

알루미늄 project는 모기업 두양그룹이 주도하며 해태, 삼미, 효성 등이 컨소시엄 형태로 공사를 추진하는 scheme이었다. 당시 알루미늄 공사를 추진한 배경에는 국제그룹시절 서호주 정부와 알루

미늄 공장을 추진하면서 축적된 자료와 정보가 충분히 있었기에 가능했고 동시에 회장의 주요 미래 사업이었다.

하지만, 국제가 해체되면서 알루미늄 공장 건설의 모든 계획이 수포로 돌아갔고 추후에 포스코에서도 서호주 알루미늄 프로젝트에 흥미를 갖고 검토했고, 국제건설을 인수한 극동건설도 검토했지만, 규모가 큰 국가적 사업 이다보니 포기하고 좌절된 역사가 있다.

우리나라는 알루미늄을 전량 수입하는 상황에서 해외 공장을 건설하여 국내로 수입하는 구조는 국가산업 차원에서도 수익성 있는 사업으로 김 회장이 항상 관심 있어 하던 차에 입지조건이 좋은 베네수엘라 정부와 기본계약을 마친 상태였다.

베네수엘라 정부로부터는 dept equiety swap(DE swap)형식의 자본 출자 계약을 마친 상태로 공사 추진에 필요한 부지, 전기료,

원료 등 정부기관과 실질적 협약을 시작하는 단계에 있었다. 공사에 대한 정보를 전혀 알지 못하고 현지에 도착한 나로서는 모든 계약을 마치고 공사만 착공하면 되는 시점으로 오해하고 있었다. 사실 이 프로젝트의 실질적 추진은 미국 뉴저지 미국 두양지사가 주관해 시작했고, 그 중심에 송철순 지사장이 임명되어 회장에 보고하는 조직이었다.

PROJECT MANAGER(PM)는 미국인이 있었고 나는 현지 카라카스에서 서울 본사, 미국 지사 등을 지원하는 주재원의 역할이었다.

하지만, 두양과 컨소시엄에 참여하기로 약속 했던 국내회사들이 공사 추진을 부정적으로 돌아서고 서울 본사도 김 회장과 장인(양정모 회장)간에 신한투자금융 주식소유권을 놓고 법정투쟁이 벌어지며 해외프로젝트 추진에 암운이 드리우고 있었다.

현지 베네수엘라 지사에서는 공사지역으로 지정된 오리노코강 주변 도시를 출장도 다니고 주지사와도 여러 번 회의도 했지만, 계획대로 공사 추진은 진행되지 못했다.

당시 공사 추진이 부진한 시점에 대통령이던 페레스가 주최한 장관들과의 회의에도 참석해 공사 협의를 해보기도 했지만, 별 진전을 보이지 못하고 지지부진한 시기에, 베네수엘라 정국은 차베스가 이끄는 2번의 쿠데타로 정치와 경제는 불안정해지며 공사추진이 어렵다는 본사의 결론으로 철수하게 된다.

쿠데타라는 정치 불안을 이유로 현지파트너들에게 철수의 구실을 변명했지만, 실제로 공사금액 10억불의 프로젝트를 실행할 수 있는 국내업체도 자금이나 기술면에서 준비되어 있지 못한 현실이 사실이었다.

사업 중단으로 베네수엘라 정부로부터 초기 공사 허가권 획득까지 지출된 비용은 회사에 적지 않은 손실을 입히게 되었고 그룹 파산에도 상당한 영향을 주었다고 추측된다.

회장이 꿈꾸고 성공시켜보고 싶었던 큰 사업이 소득도 없이 실패로 허무하게 끝나는 과정을 지켜보면서 사업의 성공여부는 치밀한 사전조사, 그리고 전문성과 열정을 겸비한 엄선된 인적구성을 바탕으로 결정된 목표를 향해 일치단결하는 조직의 리더십이 사업 성공의 열쇠임을 어려운 여건을 경험하며 비싼 수업료를 지출하고 터득한 교훈이기도 하다.

베네수엘라는 마라카이보 호수 주변으로 세계3대 석유매장량을 갖고 있으며, 오리노코강에 세계 최대수력 발전소 구리댐, 그리고 많은 지하자원이 풍부한 국가로 경제 잠재력이 매우 높은 나라임에도 불구하고 최근에는 세계에서 가장 빈곤하고 범죄율이 높은 나라로 퇴락하는 아픔을 겪고 있다.

정치부패로 인한 빈부격차가 극심하고 국가경제가 원유 수출의존도가 높은 구조로 오랫동안 지속되면서 원유 가격 파동에 경제가 좌우되는 취약한 산업구조가 가장 큰 문제가 되고 있다. 정치부패로 정부의 제조업 육성은 거의 불가능할 만큼 실패를 거듭하고 안정된 산업기반 구축 부재가 심화되다보니 인플레이션 지수가 몇 백% 이상으로 서민경제는 파탄으로 연속되는 실정이다.

전반적으로 국가에 대한 신뢰와 애국심이 매우 낮고, 좌파 정치에 익숙한 국민 정서에서 벗어나지 못하는 정치력의 한계가 국가 발전을 저해하는 가장 큰 요인이 아닐까 한다. 이러한 현상은 남미 국가들의 전형적 모습이고 정치혁신을 통한 국민 의식이 바뀌지 않는 한 안정된 국가로 변화되기는 쉽지 않아 보인다. 어찌 보면 스페인의 식민지 국가들로 오랫동안 통치되면서 자신들의 정체성을 찾지 못하고 외부 세력에 지배 종속되는 정치 문화가 원주민 스스로 발전할 수 있는 기회조차 박탈당하는 숙명적 역사가 되었다는 생각도 해본다.

베네수엘라 생활 중 골프로 인한 에피소드는 참 많다. 핸디 15정도를 치다보니 대사관 김 대사님을 비롯해 한무관, 안기부 전 참사, 그리고 서울식당을 운영하는 이사장과의 골프회동은 잦은 편이었다. 골프로 인해 김 대사님 외교관 인사들의 파티에도 초대받으며, 현지 인사들과의 인맥 쌓기에도 많은 도움이 되었고 즐거운 시간을 보낼 수 있었다.

대사님은 한국외대 서반어과 1회 졸업생으로 서반어 국가들을 돌아다니며 외교관 생활을 하신 분으로, 골프 핸디도 10대 초반으로 유머도 있으시고 격의 없이 잘 대해 주신 분으로 귀국해서 정년 퇴직하셨다고 한다.

대사님과 한무관, 서울식당 이 사장, 나를 포함 4명이 종종 내기 골프를 하곤 했는데, 주로 한무관이 잃는 편으로 내기 골프에 강한 유도선수 출신 이사장과 승부욕으로 감정싸움이 종종 있었는데 대사님의 중재로 끝나곤 했다. 골프라는 게임은 매우 매력적인 요소가 많은 운동이기에 골프 대중화도 점점 확대되고 있는 추세다. 같이 골프를 즐기던 그분들을 다시 만나기는 어렵기에 그 시절이 더욱 그립고 경제 파산으로 국민들이 고통 받고 있는 베네수엘라에 대한 추억은 더 애틋하기도 하다.

미인들이 많고 인종차별을 크게 느끼지 못하고 서반어 열정이 넘치는 순수한 사람들이 살아가는 기후 좋은 수도, 카라카스는 잊을 수 없는 도시 중 한 곳이다.

베네수엘라 여행

- 마르가리다, 카나이마

베네수엘라는 북쪽은 카리브해를 접해있고 서쪽은 컬럼비아, 남쪽은 브라질을 접하며, 적도 바로 위에 위치한 나라로 카라카스 수도를 제외한 대부분 지역은 열대성 기후다. 석유는 물론 다양한 광물자원이 풍부하고 아름다운 카리브바다와 테부이라 불리는 테이블 마운틴이 있는 카나이마 지역과 아마존 상류 밀림 지역은 동식물생태계가 잘 보존된 지역으로 트레킹 여행코스로도 유명하다.

베네수엘라에 살면서, 카리브 바다를 즐기고 카나이마 지역을 여행할 수 있었다는 기회는 행운이고 잊을 수 없는 추억으로 남는다. 수많은 산호초가 빚어내는 다양한 바다 빛과 섬들이 즐비한 카리브 바다는 수상레저와 휴양지로 유명세를 타고 있다.

그중 마르가리다 섬은 여행지로 리조트다운 설비를 잘 갖추고 있어서 많은 여행객이 찾는 명소이기도 하다. 내가 여행 시 차베스가 주도한 쿠테타가 발생하면서 비행기 운행 중단 사태로 발이 묶이는 당황스러운 일을 경험하며 어렵게 카라카스로 돌아온 추억이 있는 섬이기도 하다.

카라카스에서 멀지 않은 해안으로 나가도, 넓고 아름다운 해변과 무인도 섬까지 실어다 주는 작은 배를 이용하여, 나만의 섬에서 스

노클링 장비로 멋진 바다 속을 하루 종일 즐기다 육지로 돌아오는 시간을 자주 갖곤 했다. 카리브 바다는 해상스포츠나 휴가를 즐기기에 아름다운 장소임을 자랑한다.

같이 근무하던 미겔이라는 현지인의 강력한 추천으로 카나이마 국립공원을 여행했다. 프로펠러 비행기로 도착해서 아마존강을 따라 배로 카나이마 지역으로 이동하는 코스는 문명에서 조금은 벗어난 밀림지역을 감상할 수 있는 순수 청정지역이다.

낮은 크기의 야생식물들이 자라는 끝없는 사바나 지역을 차를 타고 지나면, 높이 솟고 상층이 평평한 테이블 형태의 산이 멀리서 나타난다. 바로 테부이라 불리며 17억년의 지형을 유지하고 있는 지질학적인 탐구 대상으로 세계에 존재하는 두 곳 중 한 곳이다.

프로펠러 비행기를 타고 세계에서 가장 높은 곳에 위치한 앙헬(a

ngel)폭포를 보는 감격도 잊을 수 없다. 1km에 가까운 길이의 폭포가 산에서 낙하하는 광경을 비행기가 가까이 접근하여 볼 수 있는 스릴 또한 만점이다.

그 당시 이 지역은 전기가 공급되지 않아 숙소도 촛불로 사용하며, 숙소구조도 지붕이 나뭇잎을 이용해 덮은 자연 친화적 숙소지만, 내부는 깨끗하게 잘 꾸며져 있고 식사도 만족스러운 호텔급 리조트라 할 수 있다.

전기 불빛으로부터 몇 백km 떨어진 지역에서 펼쳐지는 밤하늘은 온통 별과 은하수로 반짝이는 장관은 평생 잊을 수 없는 추억으로 남아있다.

우주 속 수많은 별 중에 하나인 지구에, 나라는 생명체는 티끌에도 못 미치는 하찮은 실존적 존재지만, 거대한 자연의 일부로 아름다운 지구에 살았다는 사실만으로도 행복한 우주의 구성원임을 밤하늘을 바라보며 감동과 감사의 눈물을 적셔본다.

지구는 호모사피언스의 고향이며 낙원이 아닐 수 없다.

광물자원과 관광자원이 풍부한 자연이 선물한 베네수엘라 가 탐욕스러운 정치지도자들의 투쟁판이 되어 많은 국민이 살인과 기아로 고통 받는 나라가 되었다는 현실은 21세기를 같이 살아가는 지구인으로서 매우 안타깝고 정치가 얼마나 국민의 미래를 좌우하는지 우리 국가 미래에도 시사하는 바가 적지 않다.

볼링사업의 실패

베네수엘라에서 돌아온 나는 심신이 좋지 않아 잠시 쉬고 싶은 마음이었지만, 귀국 인사를 하자마자, 곧바로 할 일이 있다며 또다시 전혀 생소한 볼링기계 생산 사업을 맡아보라는 회장의 지시가 떨어졌다.

당시 국내에서는 볼링스포츠가 대유행을 하고 있었고, 전국적으로 볼링장이 우후죽순처럼 생겨나고 있었다. 본사에서는 김 회장 비서실에서 암암리 이 사업을 시작하고 있었고 성수동에 사무실을 임대하여 볼링사업을 추진하기 시작한 단계였다. 최종 사업 목표는 볼링핀 세팅기계(핀셋터)를 개발 제작해서 판매하고 동시에 볼링장도 설치해주는 사업계획이었다.

회장 비서로 있던 이성욱이 주관하여 회사설립도 된 상태에서 회장은 귀국한 나를 책임자 사장으로 임명했다. 회사이름은 북산주식는 직원을 사장으로 명받으니 어이없기도 하고 이사업에 대한 지식과 경험도 전무한 상황에서 사장이라는 직책을 맡는다는 것은 정상적 임원인사는 아니기에 극구 사양했지만, 비서실 김 사장의 회유에 어쩔 수가 없이 직책을 맡았다.

한편 핀셋터를 개발하고 있다는 사람을 이성욱의 소개로 만나 기계제작에 대한 설명을 듣고 개발하고 있는 기계도 보았지만, 기계 엔지니어가 전혀 아니고, 경험과 신분도 확실치 않은, 내가 판단해도 기계개발의 가능성은 매우 낮아보였다. 하지만 이성욱과 개발자 김씨는 자신감을 보이며 공장과 직원만 준비해주면, 책임지고 개발을 성공시키겠다고 주장했다.

개발자 김씨는 대학 수업도 받지 못한 현장 작업공의 수준으로 나는 개발은 불가능하다는 의견을 상부에 피력하며 직책 사임을 건의했다. 하지만 비서실 김 사장은 받아들이지 않고 어렵지만 최선까지 해보라는 결론으로 부천에 공장 100여 평을 임대하여 기능직 사원도 채용하여 10여 명이 핀셋터 개발에 2년 동안 투자를 했지만, 결국은 개발비만 몇 십 억 날리고 회사는 문을 닫는다.

당시 볼링핀셋터는 외산 수입기계 2개(AMF, 불른스위크) 브랜드가 시장을 지배하고 있었고 볼링공과 핀의 충격 파워가 매우 강해서 성능이 좋은 외산도 수시 정비가 필수이며 고장도 잦았다. 국산 기계를 어느 정도 개발에 성공했다고 몇 세트 판매 설치한 63빌딩 신동아 그룹 계열사도 결국 볼링사업이 실패로 파산한다.

어느 사업이고 초기 단계부터 경험 있는 유능한 인적자원 구성이 부실하면 사업계획안 시작부터 허점이 생기게 마련이다. 특히 기계와 전기가 복합적인 로봇 기능이 필요한 기계개발을 경험도 없는 인적 자원으로 사업을 시작한다는 발상은 처음부터 잘못된 판단이기에 결국, 개발비만 날리고 어떤 이득도 없이 직원들 고생만 시키고 모기업에 자금 부담만 주는 꼴이 되고 말았다.

신규 사업은 사업 추진 중에도 수시로 사업의 성공 가능성을 점

검하고 판매하려는 상품의 시장 흐름을 면밀히 파악하고 사업의 실패가 예상되면, 초기 사업비에 대한 미련을 과감히 버리고 사업을 정리하는 것이 오히려 손해를 덜 감수한다는 결단력이 경영 리더십에 중요한 요소임을 실감한다.

한때는, 볼링장이 전국 곳곳에 우후죽순처럼 생기더니 몇 년도 지나지 않아, 점점 사라지고 요즘은 볼링을 즐기는 인구도 많지 않기에 취미나 여가용 스포츠는 유행 따라 변화가 많이 있음을 경험을 통해 알게 되었다.

1998년 외환위기로 인한 회사설립

1998년 국가 외환위기로 인해, 부실해진 기업들의 매각으로 국가 경제위기는 물론 개인들의 실직 여파도 심각한 수준이었다. 80년 국제그룹 입사 후 18년이나 같이 일해오던 김덕영 회장의 두양그룹도 신한투자 금융 주식반환소송 패소로 파산되며 나도 김 회장과의 오랜 인연은 끝이 났다. 영흥철강도 두양그룹 파산으로 은행관리기업으로 넘어가며, 경영일선 임원이었던 나의 신분도 하루아침에 실업자로 변모되며 새로운 길을 찾을 수밖에 없는 기회를 맞게 되고, 이를 계기로 내 사업을 해보자는 결심을 하게 된다.

요식업도 검토해보았지만, 경험이 없는 사업은 가능한 자제한 결과 결정한 사업이 동생의 경험을 되살려 적은 자본으로도 가능한 국제물류주선업으로 소위 말하자면 포워딩 업종이었다. 고정자산이나 설비 없이 적은 인력으로 서비스 수수료를 수입원으로 유지 가능한 중소규모 사업이다. 마침 대한통운 해외 파트 수출입 포워딩 업무를 하던 동생과 사업계획을 검토하고 1999년 2월 1일 피앤애치트랜스 주식회사란 회사명으로 개업하게 된다. 회사명은 이름의 마지막 필과헌의 이니셜을 합쳐 P&H Trans라고 작명했다.

필자 나이 50대 초반에 시작한 사업이 20년을 채우고 현재는 휴업상태로 유지되고 있다. 20년 동안 네 번 사무실을 이전하며 두세 번의 위기도 겪었지만, 다행히 큰 이변이나 사고 없이 작은 회사를 경영해오다 2021년 10월을 기준으로 회사경영에 어려움을 맞으며 일단 휴업 상태로 사무실을 폐쇄하기로 결정을 하게 되었다.

사업을 중단하게 된 직접적 이유는 역시 코로나19 팬덤으로 기업들의 경영 위축에 따라, 해외거래처들과 정상적 물류시스템에 차질이 발생하고 대기업 물류업체들과의 경쟁에서 불리해지는 상황이 길어지며 회사 적자가 누적된 점이다.

물류산업도 국가산업이 확대되면서 대형화 추세로 변화됨에 따라, 중소규모의 물류회사들은 선임이나 항공운임에서 가격 경쟁이 약화되고, 물류대란이 발생할 경우 화주를 위한 컨테이너 수배가 불리하다는 점에서 많은 포워더 업체들의 도산이 증가하는 추세다.

중소규모 기업을 20년 동안 운영하면서 나름, 기업 경영의 책임자로서 터득한 교훈은 회사 최고 결정권자의 책임은 막중하고 동시에 무한하다는 사실이다 그리고 회사 대표이사는 다방면의 지식과 리더십이 요구되는 이유는 사회 조직 속에서 이해 집단 간의 갈등 조정 역할을 원만히 수행하며 동시에, 국가경제 발전에도 책임과 의무를 짊어진 사회지도층이라는 위치에 서있기 때문이다.

직장인의 꿈인, 나도 내 회사를 갖고 싶고, 기업을 경영해보고 싶은 희망의 소유자라면 경영자로서 필수적 지식과 여건을 잘 준비하여 도전해보길 선배로서 권하고 싶기도 하다. 요즘처럼 일찍 자수성가해서 일찍 자신의 삶을 누리고 싶은 청년들……, 소위 파이어족의 삶을 꿈꾸고 싶다면, 자신의 능력으로 재력도 늘리고 멋진 사회생활을 펼칠 수 있는 사업구상도 젊어서 한번 해볼 만하다. 왜냐하면, 한 번 뿐인 청춘으로 남보다 빨리 스스로 내 인생을 개척해 나가는 기회도 많이 주워지지 않기 때문이다.

재력이라는 돈은 우리 삶을 풍요롭게 하는 기본적 필수 수단이다. 집단생활을 영위하는 인간세계에서 능력의 차이는 아무리 공평, 공정을 강조해도 상존할 수밖에 없는 사회 시스템의 상수이고 숙제이기도 하다. 앞을 내다보는 경제적 지식을 평소에도 늘 쌓아가는 노력이 자신의 미래 발전을 확보하는 경쟁력임을 잊지 말아야 벤처기업도 성공 가능성을 높일 수 있음을 강조하고 싶다.

청람회, 베트남 여행

베트남은 10여 년 동안 프랑스로부터 독립을 위한 전쟁을 하고 그로 인해 15년 동안 남북이 갈라져 살아야 했다. 게다가 이데올로기를 맞아 미국이 남베트남을 지원해 남북전쟁이 시작되었고, 우리 국군도 미국의 요청으로 참전하여 5천여 명의 사상자가 희생되었고 미국은 2천억 달러를 소진했지만 결국 전쟁에서도 자신들의 국가를 지켜내고 나라를 통일한 민족이 베트남이다. 전후 40여 년이 지난 지금의 베트남의 발전상을 보여주는, 베트남 국민들에게 먼저 박수를 보내고 싶다.

전쟁에서 200여 만 명의 희생자와 600만 명의 난민으로 보트피플에 대한 기억이 있는 한반도 크기의 1.5배 나라가 이젠, 1억 인구에 가까운 개발도상국가로 탈바꿈하고 있는 베트남을 김일경회장의 정성이 묻어나는 일정으로 이번 여행은 청람회원으로서 자부심을 갖기에 충분했다.

만다린, Cham Cham, The deck 등은 고급식당들이며, 아침의 갈증과 허기짐을 채우기에 부족하지 않은 쌀국수의 진미, 베트남의 젖줄 메콩강 속 아일랜드 유니콘에서의 보트체험, 피곤을 풀어주는 137의 발마사지 그리고, 명문 골프장에서의 5번의 라운딩…….

또 하나 인상적인 투어는 한인타운 푸미흥 지역, 호치민 남부지역 새로운 도시에 아름답게 조성된 타운 안에는 한인들이 살기에 편리한 식당을 비롯한 편의시설들이 즐비한 점은 15만여 명의 한인사회의 규모와 더불어 한국기업들의 투자규모를 실감한 투어이기도 하다.

격 있고 알찬 여행일정을 계획하고, 즐겁게 진행해준 두 김 회장과 친구들에게 깊은 감사를 전한다. 회원들의 숙소까지 그리고 선물까지 챙겨준 비바 회장에게 더없는 우정을 실감한, 잊을 수 없는 여행이었다. 혹독한 추위를 잠시 피하여 뜨거운 동남아의 햇빛을 즐기기에도 안성맞춤의 시간이었고, 행복한 날들이었다. 조금은 피곤할 수 있는 골프여행이었지만, 빈틈없는 일정관리로 기쁨이 배가 된 추억의 여행이 아닐 수 없다.

서로의 이해와 배려로 멋진 여행을 마치고 건강하게 일상으로 돌아올 수 있게 해준 평생 친구들의 우정에 다시 한 번 고마움을 전한다. 청람회의 무궁한 발전과 회원들의 건강에 신의 가호가 늘 같이 하길 기원한다.

호치민

호치민, 십여 년 전에 와본 도시를 친구의 은덕으로 다시 찾았다. 예전보다는 활력이 넘치는 거리 모습들이 인상적이다. 곳곳에 보이는 타워크레인이며 신축중인 고가도로며, 고급브랜드의 자동차들로 혼잡한 교통을 보면서 동남아의 발전상을 느껴본다.

베트남은 세계 강국 미국과의 전쟁에서도 자신들의 이념과 민족을 지키며 승리한 나라다. 베트남 전쟁시 수많은 인명 피해를 참전국들로부터 피해를 보았음에도 전쟁 후에도 용서와 화해로 자국의 발전을 위해서 노력하는 인민들의 모습을 보면서, 베트남은 분명 동남아의 한국과 같은 신흥국으로 부상할 것으로 확신해본다.

오랫동안 중국의 영향권 속에서 그리고 유럽의 식민지에서도 꿋꿋이 자신들의 문화를 지켜오는 부지런하고 희망이 보이는 베트남이다. 저마다의 삶을 오토바이에 싣고 오늘도 도로를 달리는 그들의 모습에 더 행복한 내일이 되었으면 하는 바램을 조금은 우리 옛 모습이 데자뷰로 떠올리면서 가져본다.

사랑한다, 베트남!

홋카이도

1.

학창시절 졸업여행을 떠나는 설레임과 좋은 친구들과 아름다운 추억을 만들고 오겠다는 마음가짐으로 인천공항을 출발한다. 가을비가 대지를 적시는 차분한 분위기지만 만나는 학우들의 모습과 얼굴을 대하는 악수에서 따스함이 느껴진다.

북해도공항에도 비가 내리고 있다. 하지만 산야에는 이미 가을색갈이 완연하고 붉은 단풍들이 반겨준다. 계절은 우리가 사는 지구라는 별에서 어디를 가도 변함없이 인간에게 축복과 위안을 주는 것 같다. 자연과 더불어 말이다.

화산지형이 만들어낸 칼데라호수인 호야호수의 크기가 장대하다. 물의 맑기와 색갈이 공해를 찾을 수 없을 만큼 청정해 보인다. 모터보트와 여름스포츠를 맘껏 즐기는 하절기의 풍경이 연상된다.

일본여행의 상징같이도 느껴지는 온천관광 빼놓을 수 없는 여행의 별미이고 긴장된 여정을 풀어주는 기쁨이기도 한다. 목욕 후의 이 지역 자랑의 한 모금, 삿포로맥주의 짜릿함…….

식사 후 단합모임이 있었다. 덕담과 웃음꽃에 맛있는 술과 더 즐거운 다음 여행들의 계획얘기로 더위가 느껴질 정도다. 조용하고 따뜻하게 느껴지는 학우들의 배려와 우정이 더 깊어가는 첫날 여행의 밤이다.

인연과 만남이 우리들의 삶에 얼마나 소중한지를 다시 한 번 실감하는 시간이다. 또 다른 내일의 여행을 기대하며 북해도의 꿈에 잠겨본다.

2.

일본 북동부의 가장 위쪽에 위치한 홋카이도는 우리나라 남한의 4/5크기인 8만여 km²의 청정한 공기가 인상적인 큰 섬이다. 나무들과 목초로 이루어진 자연이 아름답고 깨끗함이 돋보이는 지역. 언뜻 대관령과 제주도가 연상되기도 한다. 기후의 변화가 조금은 심한 것은 바다로 둘러싸인 해양성기후 탓이 아닌가 생각된다.

푸른 가을하늘이 노보리베츠로의 출발을 가볍게 한다. 우리나라 민속촌을 닮은 오이란쇼가 있는 시대촌에서 에도시대의 유곽의 분위기를 느껴본다. 조선시대 관료들의 관기제도와 양반들의 기생문화와 별 차이가 없어 보인다. 세력 있는 남성과 여성들과의 밤 문화는 고금을 막론하고 변함이 없음은 호모사피엔스의 유전자적 숙명이기도 한다.

오타루는 바다와 육지를 보다 쉽게 연결하려는 옛 운하의 흔적을 살려 쓸모없어진 창고들을 개조해서 관광자원으로 개발한 지역관청의 아이디어가 돋보인다. 증기시계탑이나 유리가공 그리고 섬세한 오르골 상품들은 관광객의 시선을 잡기에 충분해 보인다. 옛것을 중시하며 버리지 않고 새로운 상품으로 미래를 개척해나가는 이들의 안목과 열정은 본받아야 할 장점이다.

이지역의 자랑중 하나 삿포로맥주 공장을 방문하면서 느끼는 것은 우리도 외국관광객에게 자랑할 만한 제품 공장이 얼마나 있을지 생각해본다. 물론, 전자, 중공업 등 자랑스러운 공장은 있지만, 역사를 지닌 세계시장에 판매할 수 있는 소비제품은 그리 많아 보이지는 않다.

삿포로의 여행 마지막 밤이 시작된다. 학우들 여행 경비를 서슴없이 3기에 걸쳐 기부해준 백승환 친구의 초대로 다운타운 큰 술집에서 밤은 무르익어 간다. 최고 품질의 정종 대병 7개를 우리의 보배 사무총장이 술병 따기에 정신이 없다.

권주가가 다시 한 번 울려 퍼지며 밤은 영시를 향해 달려간다.

"술잔을 들어 인생을 노래하세! 곤드레 만드레……."

이 추임세로 학우들에게 술만 더 마시게 한 것 아닌지 미안함도 듭니다. 백승환 친구의 학우에 대한 진실한 사랑의 한마디가 술잔에 더 깊게 배어온다. 자신의 마음이 혹시나 학우들에게 폐가 되지 않기를 바라면서 내 마음을 받아주면 좋겠다는 진심어린 말에 할 말을 잊다. 참 훌륭하고 본받을 만한 좋은 친구가 자랑스럽다. 노블리스 오블리제의 표본이다.

우리들의 3박4일의 여정은 친구들의 배려와 아름다운 우정으로 막을 내리고 있다. 참으로 잊지 못할 인생의 추억을 만들어준 학우들에게 감사드리며, 우리 모두 건강이 있는 날까지 아랫배에 힘을 모아 행복한 나날들 만들어가기를 기원한다.

72 경영학과의 캐나디언 로키 여행

언어로는 부족해 다 표현할 수 없는 로키, 밴쿠버를 기점으로 코퀴할라 하이웨이를 따라 전개되는 캐나디언 로키의 풍경에 점차 눈이 부셔온다. 밸마운트 근처 주변 관망대에서 바라본 3,954m Mobson Mt. 최고봉은 경외감을 자아내기에 충분하다. 아카바스타 폭포를 비롯한 수 없이 많은 폭포들, Maligne lake에서 바라본 눈 덮인 로키산맥의 청량한 아름다움은 그림으로만 동경하던 경치 그대로이다. 빅토리아빙하가 비치는 Lake Louise는 유키 구라모토의 피아노 연주만큼 영롱한 빛깔을 자랑한다.

에메랄드 빛 론둘마운틴이 비쳐진 투잭호수 등 다양하고 독특한 호수의 경치는 스위스에서 본 호수와는 또 다른 웅장함을 감상할 수 있다. 컬럼비아빙원에서 내려온 물은 폭포가 되고, 호수를 이루고 강을 따라 북해, 대서양, 태평양으로 갈라지는 대자연의 파노라마를 이루는데, 이는 로키에서만 볼 수 있는 풍경이다.

약 4만여 년 전 탄생한 한 생명체, 지구의 정복자라는 호모사피엔스가 신이 선물한 46억 년의 지구가 만들어낸 자연 앞에서 왜 겸손해야 하는 지를 새삼 일깨워준 값진 시간이다.

여행은 일상으로부터 탈출이 주는 자유로움과 다른 사람들이 살

아가는 삶의 모습을 바라보면서 자신의 현재를 되돌아보는 값진 기회를 부여해준다. 이번 여행은 도시의 번잡함과 오염된 환경에서 벗어나 잠시나마 심신을 정화시킬 수 있었고, 지구에서 같이 살아가는 동물들과의 조우가 주는 색다른 기쁨, 그리고 자비스러운 자연의 은혜를 실감하는 여정이 아닐 수 없다. 녹아내리는 빙산과 빙하의 변화가 미래세대에게 어떠한 영향을 가져올지 궁금하기도 하다.

고희를 바라보는 경영72학우, 교양 있고 훌륭한 친구들과 길다면 긴 6박의 여정을 편안하고 의미 있게 즐길 수 있었던 것은 행운이고 축복이었다. 친구들의 섬세한 배려와 도움이 있었기에 로키의 대자연은 친구들의 우정만큼이나 아름다운 추억으로 영원히 간직하

수 있을 것이다.

우리 동기들과의 마지막 하이라이트 farewell 파티, 긴 여정의 피곤함을 씻어내며 매년 우리들만의 스토리를 만들어가는 마지막 밤, 바다가 펼쳐지는 밴쿠버 캐나다플레이스에서의 wine 파티는 경영72학우 여행의 또 다른 여행 문화로 새겨진 꿈같은 시간이었다.

개인적으로 나를 보살펴준 정범영 친구, 그리고 어깨와 손을 내밀어준 친구들에게 감사드리며, 나만의 욕심인지 모르지만 우리 친구들 모두 더 건강한 삶 가운데 새로운 동행이 되는 기회가 주어지길 기대해본다. 대학에서 만난 친구의 우정을 되새기며, 브람스의 대학축전서곡으로 쌓였던 피로를 풀어본다.

72경영 친구들의 우정이여 영원하라!

- 2019. 5. 31. 일상으로 돌아와서.

학림도 여행

(2021. 5. 12 - 5. 14.)

여행 출발 전, 설렘으로 잠을 설치기도 했지만 친구들 모두 아침 시간에도 불구하고 시간을 맞추어 7시, 학림도를 향해 2대의 차가 출발했다. 기분 좋은 날씨에 5월 신록이 차창에 눈부시게 흐르고, 아카시아 꽃이 산 중턱을 하얗게 물들이는 계절이다.

망향휴게소에서 간단히 아침식사를 하고, 금산휴게소에서 커피 브레이크타임을 갖고자 휴식을 하는데, 양복차림의 두 분이 낙술 친구의 소개를 받으며 인사를 한다.

직장에서 같이 일하던 후배들이 찾아와 선배에게 금산의 명물 인삼엑기스를 친절하게 선물한다. 현역시절 친구의 위상을 느끼게 해 주는 푸근한 모습이다.

순종 친구와의 인연으로 우리 여행을 도와 줄 한 가족과 통영에서 만나 선착장인 달아항에서 오후 1시 경에 승선하여 10여 분 거리의 학림도에 드디어 짐을 내렸다. 비릿하지만 상쾌한 바닷바람과 셀 수 없이 많이 떠 있는 섬들, 우리가 섬에 와 있다는 짜릿한 긴장감이 잠시 여행 기쁨으로 밀려온다.

바다가 주는 신선한 생선회가 점심 식탁을 장식한다. 돔, 우럭, 해삼, 멍게 등 푸짐한 바다진미와 친구들의 파안대소에 소주잔을

기울이며 우리의 섬여행이 시작된다.

이곳은 우리처럼 몇 명의 단체여행 팀이 잠시 쉬다 가기에는 안성맞춤의 숙식장소다. 때마침 주변 여행객들도 없고 하루 바다낚시나 즐기다 떠나가는 섬이다 보니 섬 전체가 우리 집 앞마당 같아 떠들고 놀아도 우리들 소리만 메아리쳐 돌아오는 편안함이 너무 좋기에, 술병은 저녁 늦게까지 쌓여만 간다.

학림도 여행 이틀째, 오전 10시 경 낚싯배가 도착해 우리 일행을 싣고 30여 분 항해 후 등대가 있는 섬 근처에서 우리는 바다낚시를 시작한다. 예상대로 고기는 잔챙이 몇 마리만 낚여, 살아 돌아가고 가져온 횟감과 우린소주로 선상의 생선회 맛을 대신하지만, 오랜만에 느껴보는 선생의 술맛은 씁쓸하다. 그러나 오래된 추억을 되새기며 미안스럽게 즐겨본다. 파란 하늘과 광활한 바다에 떠 있는 섬들, 지구의 역사를 담고 시간의 무게로 조각된 섬의 바위들 앞에서 한 점 구름 같은 우리들 삶에 겸손해진다. 메멘토모리.

3시간 정도 바다를 둘러보고 점심식사 후 자유로운 휴식과 담소의 시간을 가진다. 평소 혼자 가슴에 담고 지내기엔 아쉽게 느껴지던 화려한 과거의 시간들이 오랜만에 펼쳐진 왕년의 멍석 위에서 웃음꽃으로 피어난다.

여행을 하는 목적은 다양하지만, 신구들과 같이 하는 단체여행의 의미는 평소 얼굴만 피상적으로 알고 지내던 사이를, 여행을 통해 더 가까이 다가갈 수 있는 시간으로 바꿔주고, 서로를 이해하는 귀한 추억으로 새겨지기 때문이 아닌가 싶다. 친구의 값진 과거의 스토리는 내겐 도 다른 경험과 교훈이 되어 삶을 더 풍성하게 해주는 독서 같다. 이번 박희도, 정해성 친구의 왕년 얘기가 흥미롭고 재미있게 이틀 밤을 즐겁게 한다.

어제 저녁 해신탕 덕분인지, 다들 일찍 기상을 해서 날시 만큼이나 쾌청한 아침을 맞았다. 아쉽지만 다시금 떠나온 그 자리의 일상으로 돌아가기 위해 짐을 챙기고, 그 동안 숙식을 제공해준 분들게 고마움의 정을 나눈다. 식당 주인 부부의 활기 넘치는 말들이 식탁 위의 반찬에 조미료처럼 달갑게 느껴져 즐거운 식사가 되었다. 떠나오는 배를 향해 오랫동안 손을 흔들어주던 주인부부의 모습에서 여행의 정을 느껴본다.

오전 10시 경 통영 바다를 뒤로하고 성박 친구의 가이드로 폭포가 떨어지는 강가, 금산 식당에서 맛있는 점심식사를 한다. 여행

중, 지역적으로 특색 있는 식당을 찾아 입을 행복하게 해주는 식도락은 여행의 묘미를 깊게 한다. 이제 각자의 보금자리로 돌아가는 헤어짐의 시간이자 일상이 시작되날,.

여행하는 동안 친구들의 다리가 되어 긴 시간 차량을 제공하고 안전하게 귀가하도록 운전대를 잡아준 영흠, 순종 친구에게 감사를 전한다. 그리고 여행의 기회를 주선해준 순종, 동생 친구 분에게도 고마움을 전한다. 개성 있는 친구들과의 여행이 더 개성 있는 여행으로 기억되기에 또 다른 여행의 꿈을 꿈꾸어본다.

김영하 산문집 『여행의 이유』에 "어둠이 빛의 부재라면 여행은 일상의 부재다."라는 표현이 있다. 어쩌면 '아무 것도 아닌 자'가 되기 위한 것인지도 모른다는 여행의 이유를 되새겨본 값진 시간이었다.

불편한 몸을 이해해주고 도와준 우리 친구들에게 깊은 우정을 느끼며 건강한 일상 속에서 다시 만나기를 고대한다.

통영, 거제 여행

(2021. 11. 22. - 11. 25.)

통영, 첫날

기다리던 통영, 거제 여행이 시작되는 양재역 9번 출구를 찾아가기 위해 새벽 지하철을 타보기도 오랜만이다.

잘 짜여진 여행일정 덕분으로 기본 세면도구, 상비약, 그리고 옷 몇 가지로 충분하기에 배낭 하나에 설렘을 실어 약속 장소로 늦지 않게 도착하니 반가운 얼굴들이 모이고, 검고 긴 고급관광버스가 도착해 출발한다. 비록 날씨는 얕은 비구름에 어둡지만, 넓고 편안한 좌석, 그리고 죽전 탑승자들이 모두 합세하며, 오랜만에 마주하는 밝고 건강한 18명 친구들의 얼굴에서 버스 안은 환해진다.

잠시, 박종화 집안 출신 변호사 신인규가 토론배틀에서 국민의힘 대변인으로 선임된 동료들과 출판한 『나는 국대다』 책자를 나누어 준다. 나는 언제나 책 한 권을 친구들에게 나눠줄 수 있을까? 고맙게 잘 읽어 보겠다.

총장이 준비한 맛있는 빵과 두유로 천안 휴게소에서 간단히 아침식사를 마치고, 장거리 탑승시간을 예상한 듯 남영일이 준비한 넷

플릭스 영화 신작, No time to die를 넓은 화면과 입체음향으로 시청하며, 남으로 남으로 남해바다를 향한다.

가끔씩 빗방울이 차창에 맺히지만, 남쪽으로 향할수록 쪽빛하늘이 보이고 통영에 도착하며 대전에서 내려온 친구 호충환과 상봉한다.

통영시장에 있는 추천된 식당에서 점심식사를 조별로 나누어 마치고 충무공 이순신 장군의 발자취를 기리는 삼군수군통제영의 세병관과 충렬사를 문화관광해설가의 설명을 따라 1592년 임진왜란의 역사 현장으로 돌아가 본다.

세계 해전사에도 보기 드문, 이순신 장군의 빛나는 전략과 리더십, 그리고 140톤에 달하는 판옥선과 바다지형에 맞는 돌격전함 거북선의 위력이 숫자적으로 왜적에 열세였던 수많은 남해 해전을 승리로 이끈 주역이라 전해진다.

리더는 그 분야의 전문가이기도 하지만, 부하, 백성의 마음을 사로잡는 인문학적 소양도 매우 중요함을 난중일기라는 소중한 기록을 통해서 이순신 개인은 물론, 당시 위기의 국가전황을 조금이나마 이해하고 반성하는 밑거름이 되었다고 본다.

TV 프로에도 아름다운 동네벽화로 잘 알려진 동피랑(동쪽에 있는 언덕)은 중앙시장 뒤편에 바다가 내려다보이는 언덕 골목길 집벽을 여러 가지 디자인의 그림으로 수놓고 있다. 요즘은 지방마다 동네 벽화들을 지역 특색에 맞게 많이들 시도하고 있다. 개인적으로는 동피랑 입구에 있는 커피숍에서 통영 앞바다를 바라보며 3조 병택 조장이 사준 커피 맛이 좋았다.

중앙시장은 역시 싱싱한 활어시장의 메카답게 각종 어패류들의 수산가게들이 즐비합니다. 고맙고 죄송하게도 5만 원 정도의 건어물을 이곳에서 구매해 택배로 보내준다는 집행부의 사려 깊은 결정에 감사할 뿐이다.

72경영모임이면 기다려지는 즐겁고 해피한 저녁시간을 원조통영다찌 식당이 준비하고 있었다. 개인적으로는 방문했던 식당의 맛깔나고 푸짐한 해물음식 위로 오가는 잔들이 분주해지며 우정의 목소리는 높아간다. 여행경비를 내색 없이 기꺼이 내주고 여행준비를 위해 봉사해준 집행부에 대한 감사의 마음이 술잔에 녹아내리며 2시간여의 취흥을 간신히 멈추고 통영 클럽 ES숙소로 향한다.

짐을 배당된 방에 두고, 다시 첫째 날의 밤을 위해 준비된 방에 모여, 오랫동안 간직해온 못 다한 얘기들을 일재, 용암 친구가 준비한 값비싼 위스키 잔 위로 풀어간다. 불타는 72경영의 첫날밤이 지나가고 있다.

통영여행 이틀째

아침, 숙소 밖으로 보이는 바다풍경을 감상하며 아침식사 장소인 굴마당 식당으로 이동한다. 30여 분의 산양일주로 드라이브길이 바다와 만추의 가을 산 빛과 어우러지며 아름다운 풍경이 일품이다. 복국과 매생이 굴국은 지난밤의 숙취를 풀어주며 통영 케이블카에 몸을 싣고 통영 앞바다의 나폴리 같은 경관을 카메라에 열심히 담는다.

쾌청한 날의 햇빛이 1조장 영일이가 돌린 커피만큼이나 산뜻하고 따사롭다. 영빈관에서 점심을 하고 장사도를 향해 여객선에 오른다. 섬의 모양이 긴 뱀을 닮기도 하고 뱀도 많아 장사도라는 이름이 지어졌다고 한다. 1,2월이면 동백꽃이 화려하게 수놓으며 떨어진 잎들을 빨간 눈물이라고 부르는 까멜리아 해상공원 장사도는 초겨울이지만, 한번은 꼭 가볼만한 아름다운 섬이라 느껴진다.

조각물과 아기자기하게 꾸며진 길들, 부엉이 전망대에서 바라다보는 한려수도가 파노라마처럼 펼쳐지고 동백꽃이나 수국이 만발하는 푸르른 계절의 풍경은 상상만으로도 장사도의 매력이 돋보인다.

봉우리 진 동백꽃과 찬란하게 물들일, 다가오는 봄의 햇살을 연상하며 영일이가 받쳐주는 팔에 기대어 가파른 계단을 따뜻한 마음을 안고 내려온다. 거센 바람에 흔들리는 배를 타고 개인적으로는 조금은 힘들지만, 처음 와본 해상공원 장사도 코스를 무사히 둘러봤다는 안도감으로 깊어지는 우정의 손길이 가슴에 남는다.

이제 저녁식사와 숙소가 마련된 하얀 등대 집에서 거제 여행을 도와주는 친구 송해명을 반갑게 맞이한다. 짐을 풀고 어패류가 풍성히 차려진 식사가 백 회장이 준비한 30년산 블루조니워커 두 병과 함께, 술잔이 빠르게 부딪치며 마지막 밤의 열기로 치닫는다. 권주가의 함성과 일재의 명창이 겨울바다의 찬바람을 몰아내고 한려수도 밤하늘에 울려 퍼진다.

우정의 물결에 눈물을 적시는 친구의 얼굴에서 눈물의 미학을 잠시 느껴본다. 누구는 인복도 많은지, 친구들의 생일축가가 이 회장의 생일케이크를 자른다. surprise! 케이크를 마련한 총장의 총기가 놀랍다.

여흥은 예상치도 않은 옆 노래방으로 마지막 밤의 열기가 옮겨 붙는다. 상혁, 종화의 멈출지 모르는 화끈한 노래가 승한의 맥주 파티로 이어지며 밤은 깊어가지만, 사랑으로 합창이 내일을 기약하고 잠을 청한다. 마지막 밤은 역시 성균관대 72학번 경영학과 여행의 백미라고 해도 지나치지 않을 추억의 시간이다.

셋째 날 거제여행

7시경 기상하여 아침 해돋이를 하얀 등대에서 감상한다. 태양계의 한별인 지구에서 동시대를 같이 숨 쉬며 사는 수많은 사람들 속에서 같이 여행을 하며 아침을 맞이하는 인연의 소중함이 행복감으로 붉게 밀려오는 시간이다. 전복죽으로 식사를 마치고 역사, 문학, 음악 등 깊은 역사와 아름다운 바다 위의 도시, 통영을 뒤로 하고 거제대교를 지나며 거제시에 도착한다.

송해명이 추천하는 홍포전망대, 바람의 언덕, 신선대를 둘러보고 몽돌해수욕장을 끝으로 여행관광지는 마무리된다. 예전에 거제도 해금강을 비롯해, 절경의 많은 섬들을 유람선을 타고 해상에서 둘러본 기억이 육지에서 바라본 바다풍경과 대조되며 즐거운 시간을 보냈다. 귀한 대구회를 맛보는 효진수산에서 삶은 물메기와 시원한 대구탕으로 점심을 맛있게 먹고 이제, 아쉬운 여행의 종착역 귀경길에 오른다.

거가대교의 명칭을 두고 치열한(?)공방으로 웃음꽃이 터지며 이회장의 고향인 거제 역사를 거제가 낳은 수재를 증명이라도 하듯, 거제도 곳곳의 지리와 역사를 유창한 언변으로 소개한다. 거제를 새롭게 상기하게 해주는 문화해설가 이상의 설명이 역시 부산고, 성대 경영재원임을 확인시켜준다.

코로나로 인한 조선업계의 불황에도 최근 삼성, 대우, 현대 등의 대형 수주 소식이 반갑게 전해오며, 침체된 거제시의 경제도 예전처럼 활기차게 되돌아가길 빌어본다.

대전 톨게이트에서 호충환을 떠나보내고 죽전에서 몇 명이 하차를 하고 7시반경 양재역에서 마지막 여행을 끝낸다.

코로나19로 해마다 기다려지던 여행이 불가해지며, 2년여가 되도록 서로의 대면조차 어려운 상황에도 불구하고, 고맙게도 국내여행을 계획하고 알차고 즐겁게 뜻깊은 추억의 시간을 행복하게 만들어 준 모든 친구들에게 심심한 감사의 마음을 전해본다. 답답하고 지루하던 날들을 푸르고 맑은 한려수도의 바다 정기로 날려 보내고, 아름다운 산과 바다를 가슴이 퍼렇게 멍들도록 즐감한 여정이었다.

어느 바다 풍경과도 견줄 수 없는 다도 남해 바다 그리고 해산물의 진미와 더불어 어느 단체도 따라올 수 없는 우리들의 귀중하고 자랑스러운 우정이 더욱 깊어진 통영, 거제 여행이었다. 우리들의 새로운 만남을 위해서 건강과 행복을 빈다.

3부

이데아를 향하여

wonder

얼마 전 '원더(wonder)'라는 영화를 관람했다. 선천성기형얼굴을 갖고 태어난 어린이가 학교생활을 적응해나가는 과정을 그린 휴먼 드라마다.

남과는 다르고, 정상적인 얼굴을 갖지 못한 아이를 학교에 보내는 가족들의 애환이 잘 담겨진 스토리다. 장애아의 심리적 묘사와 청소년들의 꾸밈없는 배역, 그리고 줄리아 로버츠의 절제된 연기가 돋보이는 감동적인 영화였다.

사람은 나이가 들수록 누구나 한두 개의 후천적 장애를 안고 살아간다. 자신 스스로가 감당할 수 있는 장애라면 다행인데 남의 도움 없이는 생활이 어려운 사람들을 우리 주위에서 보곤 한다. 연로하신 부모님들의 알츠하이머병이라든지, 중풍으로 쓸어져 거동이 어려운 노인들을 한두 번은 경험하는 우리들의 나이다.

더구나 핵가족화와 형제지간의 관계도 멀어져가고, 주거환경의 변화 등으로 장애어른을 모시는 것은 행동의 결단 없이는 어려운 일이다. 가족의 헌신적 사랑과 배려, 그리고 고단한 인내 없이는 극복하기 어려운 주변의 현실이다. 이 영화는 어린아이들과 시간을 많이 나누는 분들이 한 번쯤은 보았으면 하는 드라마라서 짚어보았다.

Starry starry night

Vincent가 그린 그림들이 수많은 붓칠들이 화폭으로 되살아나는 영화다. Vincent van Gogh가 남긴 명화들을 따라 화가의 삶을 파헤쳐가는 영상이 돋보인 영화 'Loving Vincent!'

신앙과 현실 속에서 끝없이 고뇌하며 방황하던 화가, 어려운 환경에서도 형의 화폭에 열정과 사랑을 심어준 동생 테오와의 가족애, 그가 살아가면서 만난 인연들과 거리의 풍경들, 그속에 피어난 꽃들에 빛나는 색감들의 조화. 외로움을 달래기 위해 별이 반짝이는 밤을 동경한 Vincent. 까마귀가 되어 날아가버린 영혼은 아마존 밀림의 어둠속에서 바라본 은하수의 물결에 영원히 잠기고 싶었던 그 별들 같기도 하다.

잊을 수 없는 사람들의 자화상에 새겨진 삶이 배어있는 눈빛들……. 오직 자기만의 빛을 연출하고 싶었던 갈망으로 정신질환의 악몽에서 불행했던 Vincent. 그는 알아주지 않는 내 그림이지만 삶이 힘든 누군가가 나의 그림으로 위로 받을 수 있기를 희망하며 쓸쓸히 자신의 삶을 스스로 마감한 천재였다.

Vincent의 삶을 되돌아보면서 떠오르는 시인은 「별 헤는 밤」의 윤동주다. 기독교 신앙에 뿌리하면서 아름다운 자연을 교감하며 시의 세계를 노래하던 윤동주는 「자화상」이란 시에서 다음과 같이 노래했다.

“우물 속에는 달이 밝고 구름이 흐르고 하늘이 펼치고 파아란 바람이 불고 가을이 있고 추억처럼 사나이가 있습니다.”

폭풍우가 몰아치는 역사의 혼돈 속에서 조국을 사랑하다 차디찬 옥중에서 이름 없는 별을 헤며 하늘 속으로 날아간 아름다운 29세 젊은이의 영혼 윤동주였다.

별을 노래하던 두 사람이 이젠 어느 별에서 만나 그림과 시를 사랑하며 지상에서의 슬픔 모두 잊고 아름다운 세상을 펼쳐가기를 상상해본다.

그 별에서도 푸치니의 토스카 중 “E lucevan Le Stelle”의 선율이 흘러넘치기를 기대하면서…….

라라랜드

요즘은 영화를 보고 싶어도 감상한 후 무언가 가슴에 조금이라도 남는 영화를 찾지 못하고 있는데, 음악영화가 한 편 있어서 추천한다. 흔한 뮤지컬 영화라 조금은 낯익지만, 탭댄스, 왈츠 등의 고전적 뮤지컬 댄스와 재즈에이즈를 연상시키는 즉흥 연주곡들 사이로 할리우드를 중심으로 별처럼 빛나던 향수가 풍겨난다.

직접 피아노 연주를 해낸 라이언 고슬링과 전문 무용수의 몸짓과 감정연기를 보여준 엠마 스톤의 연기가 재미를 더한다. 음악 중에 'city of stars'라는 주제가가 영화 전반의 분위기를 살려준다.

'라라랜드'는 LA 할리우드의 애칭이라고 한다. 꿈과 낭만, 향수를 얘기하는 젊음의 추억을 조금은 회상할 수 있는 영화라서 좋다.

가끔은 국내영화를 감상해보지만, 과한 액션과 표정이 부담스럽고 잔인한 장면들에 식상이 되곤 한다. 그야말로 영화니까 무겁지 않고, 일상에 지친 관객들에게 웃음과 흥미와 자극적인 화면들이 인기가 있을지는 모르지만, 그래도 보고나면 가슴이 얼마라도 감동이 잔잔하게 밀려오는 그런 영화가 많이 그리워지곤 한다.

그 옛날 벤허, sound of music, 대부, 로미오와 줄리엣, 쇼생크탈출 등 영화주제가도 명곡들이다.

『now』와 『사피엔스』

이 책 『now』를 추천하게 된 동기는 나이가 들면서 '우리 삶이란 무엇인가?'라고 하는 물음에 항시 목말라 하던 시기에 이 책을 발견하고, 마음의 평정이 필요할 때, 늘 옆에 두고 읽어 볼만한 책이기 때문이다.

『now』라는 책 제목이고 에크하르트 톨레가 저자로 삶에 많은 깨달음과 깊은 이해를 제시하는 지침서라고 할 수 있다. 역자가 말했듯이 이 책은 개인의 성장과 영성의 발견을 위해 몇 년 만에 드물게 발견할 수 있는 선물이기도 하다.

이 책의 주제는 그동안 우리가 자신의 존재에 뒤섞어온, 다시 말해 자기 자신과 동일시해온 모든 것들 즉 에고로부터 우리의 나를 순수한 있음으로 해방시키는 영적이해와 훈련을 종교와 성인들의 말씀과 행동들을 통해 깨닫게 해주는 책이다.

우리 생활과 뗄 수 없는 종교에 대한 글 중에 한 구절, 하나의 믿음 체계를 갖는다고 해서, 스스로 절대 진리라고 믿는 일련의 생각들을 갖는다 해서 영적으로 되는 것은 아님을 종교인들은 인식하지 못하다 보니, 당신이 그들과 똑같이 믿지 않으면 그들 눈에는 당신이 잘못된 것으로 여겨지는 제도화된 기존 종교의 틀은 새로운 의식의 변화가 필요하다.

자신은 옳고 남은 틀리다고 만드는 것이 에고의 주된 방식 중 하나이자 무의식의 특징은 인간존재 사이의 분열과 갈등을 야기하는 마음의 대표적 기능장애라고 강조하고 있다.

모든 형상의 무상함에 대한 깨달음이 당신으로 하여금 자신 안의 형상 없는 차원에 눈을 뜨게 하는 것, 예수는 그것을 영원한 생명이라고 불렀다는 구절도 잊을 수 없다.

이 책은 에고에 대하여 많은 예와 설명으로 이해를 돕게 하는데, 불행은 에고가 만들어낸 심리적이고 감정적인 질병이다. 분노, 불안, 미움, 원한, 불만족, 시기, 질투 등과 같은 부정적인 마음 상태들이 이제는 부정적으로 여겨지지 않고 오히려 당연한 현상처럼 합리화되고 있다는 것이다. 나아가 자신의 에고가 그것들을 창조하는 것이 아니라 다른 누군가에 의해, 또는 외부 요인에 의해 일어나는 것으로 잘못 인식함으로써, 불행을 느끼고 화를 내고 평화를 얻지 못한다는 것을 꼽는다.

인간의 마음은 과거를 내려놓지 못한다. 그보다는 내려놓으려 하지 않는다. 따라서 최고의 예술은 과거를 내려놓는 것이다.

"순수한 있음의 기쁨, 그것만이 유일한 진정한 행복이고, 그 기쁨은 결코 외부에서 당신에게 올 수 없고, 당신 안의 형상을 초월한 차원으로부터, 의식 그자체로부터 흘러나오며, 따라서 본래의 당신과 하나다."라는 진리가 가슴에 와 닿는다.

마지막으로 호흡은 훌륭한 명상 도구이기에, 호흡을 자각하는 것이 삶속에 공간을 가져다주는, 의식을 발생시키는 더없이 효과적인 방법으로, 호흡에 의식을 집중하면 그 순간 마음의 활동이 정지됨으로써 내부의 몸에 빈 공간을 느끼고 전체로 퍼져가는 미묘한 생명력을 느끼게 하는 호흡에 관한 의미도 새기고 싶은 글이다.

이 책과 더불어 학우들도 많이 읽어 보았겠지만, 유발 하라리 지음의 『사피엔스』 서적도 꼭 읽기를 추천하고픈 책 중 하나이다. 이 책의 저자도 스스로 제레드 다이아몬드의 『총, 균, 쇠』라는 책에서 가장 큰 영감을 받았다고 밝힌 바 있듯이, 생물학과 역사학을 결합한 큰 시각으로 호모 사피엔스의 행태를 개관하며 현 인류사를 모든 분야를 섭렵하는 탁월한 식견이 돋보이는 흥미로운 책이다.

우리는 언어능력 덕분에 공통의 신화 혹은 허구를 발명할 수 있었는데 그것이 바로 사람들을 결속한 화폐, 종교, 제국이라는 주장이 설득력 있게 다가온다. 그리고 과학혁명의 후속편인 생명공학혁명이 결국 다다르는 곳은 인간에게 영원한 생명을 주는 것을 목표한 영생 프로젝트가 성공하겠지만, 영생은 더 큰 행복을 가져다주지는 않고 인간의 일상적 행복은 물질적 행복과는 거의 상관이 없다는 유명한 연구결과를 제시한다. 지금의 인류인 사피엔스가 탄생하면서 현재에 이르기까지의 인류역사의 전개과정을 저자의 관점이긴 하지만, 매우 진지하고 재밌고 의미 있는 주장들로 꼭 한번은 필독을 권하고 싶은 양서로 추천해본다.

물 좀 주소

이 곡은 한대수가 작곡, 작시해 노래까지 직접 부른 노래로, 1970년대 초반 통기타그룹들이 한창 청바지세대를 이끌고 있을 때 발표했던 노래다. 가장 인상적인 기억에 남는 것은 1974년 박정희 대통령 통치시대 언론탄압이 매우 심하던 시절, 동아일보가 언론자유 실천을 선포하면서 정부는 이를 저지하기 위해 각 기관과 단체들에 동아일보에는 절대 광고를 주지 말라고 압력을 행사하면서 7개월 이상 동아일보는 광고를 받지 못하게 되고 동아일보는 백지광고를 발행하는 당시로서는 기발한 사태가 벌어진 사건이 있었다.

그런데 백지광고가 게재되자마자, 이름들을 밝히지 않는 회사를 비롯해 수많은 개인 단체, 심지어 시민들까지 돈을 내서 광고지면을 채우는 일이 벌어진 해프닝이 있었는데 나도 그 당시 학생시절 개인 서클에서 돈을 모아 익명으로 우리들만 아는 이름으로 조그마한 광고란을 구매한 적이 있었다.

그 당시 광화문에 있는 동아방송이 12시 정오뉴스 전 정오시각에 시그널음악으로 '물 좀 주소'라는 곡을 방송했을 때의 신선하고 충격적인 아이디어는 기억에 잊혀지지 않는다. 반정부에 대한 개인의 의사소통까지 억압하고 언론은 말할 것도 없이 대학가 학생들의 움직임까지도 정보원들이 암암리에 사찰하던 시절이었다.

요즘의 불꽃시위 사태를 보면서 회상되는 추억이 담긴 음악이다. 2016년은 우리 성균합창단 50주년 기념행사를 계기로 금잔디합창단이 탄생한 해이고 합창을 시작한 해이다. 노래와 합창에 대한 목마름들이 모여서 이루어졌기에 짧은 시간으로도 훌륭한 무대를 만든 성과에 우리 자신도 놀라고 자신을 얻기도 했다.

여기서 개인적인 바램이 있다면, 주어진 여건 하에서 금잔디합창이 더 즐겁고 재미있는 합창의 기쁨을 누리는 합창단이 되기를 바래본다. 큰 무대와 정치적인 색갈이 있는 행사보다는 모든 단원이 합창을 통해서 소박한 행복을 만들고 나누어가는 합창단이면 좋겠다.

합창 속에서 서로를 발견하고 나를 찾아가면서 음악을 즐기는 시간들이 함께하는 금잔디합창단이면 더욱 좋겠다. 우리는 살면서 저마다 가슴속 정신적 목마름들이 적어도 하나 이상은 숨어 있다. 특히, 못다 이룬 꿈들에 대한 갈증 같은 것 말이다.

바쁘고 힘든 삶속에서 깨닫지 못하고 있었을 뿐이다. 음악과 합창이 주는 기쁨에 목말라 하는 단원들의 열정이 있기에 화음은 더 아름다워지고 금잔디에 대한 사랑은 더 깊어지겠지. 그것은 지루한 우리들의 일상에서 자신이 좋아하는 생각과 행동에서 감지되는 소박한 기쁨들이 곧 행복이기 때문일 것이다.

흰 눈이 펑펑 내리는 어느 이름 모를 산골짜기 물가에서, 목을 적시는 사슴 한 마리의 모습을 그려보는 시간이기도 하다.

LPGA 골프경기를 보며

지난 주말, LPGA 경기 메이저 중 하나인 에비앙 챔피언십에서 3라운드까지 연속 선두자리를 지키던 이정은 선수가 호주 이민지에게 역전패를 당하며 대회를 마쳤다.

우연히도 마지막 날 선두팀 3명이 국적은 다르지만, 모두 한국계 선수들이다. 서양인의 시각에서 보면, 요즘 미국 LPGA가 동양인에게 점령당한 꼴이 된 듯하다. 그리고 최근 우승자들은 국적이 다양하고 새로운 신인들이 우승컵을 차지하는 이변도 낳고 있다고 한다.

한국 김아림, 태국 타바타나킷, 필리핀 유카사소, 일본 하타오카 등 국적과 신인들이 다양해졌다. 그만큼, 세계 골프 수준도 평준화와 인기도가 높아지고 있다는 느낌이다. 우리나라 박세리와 같은 태국의 골프여제 주타누간 자매들의 영향이기도 하겠지만 최근, 태국 신인 여자골퍼들의 등장이 예사롭지 않아 보인다.

이번, 에비앙 경기에서 이정은6가 챔피언 자리를 호주 이민지에게 통한의 역전패를 당한 사실에, 당구 친구 한 분이 매우 분해하며, 육두문자로 애국심을 확 고취시키는 발언에 한바탕 웃음으로 스트록도 시원찮은 큣대가 삑사리로 새만 잡기도 했다.

후반 파5에서 보기로 무너진 과정에서 이정은의 뒷심이 다소 아쉽기는 했지만, 그래도 막판 3연속 버디로 연장경기까지 간 투혼에 박수와 사랑을 보내고 싶다.

이제 8월 4일 도쿄올림픽 골프경기가 시작된다고 한다. 세계 랭킹 15위 안에 있는 고진영, 김세영, 김효주, 박인비 4명이 참가하는 이번 경기에서 지난번 금메달리스트 박인비의 선전이 기대된다.

국토도 미국의 한 주보다도 작은 나라에서 박세리라는 골퍼가 한국선수로는 생소한 LPGA에 출전하여, 메이저 대회를 석권하는 기록은 한국 골프계에 새로운 바람은 물론, KOREA라는 나라를 세계에 알리는 기적 같은 역사를 이루었다.

마치, 1960년대 GNP 1000불 정도의 가난뱅이 나라가 반 백년만에 세계 자동차, 반도체, 휴대폰, 가전 시장을 휩쓰는 나라로 기적을 이루었듯이 첨단 산업의 선두 주자로 세계시장에서 상품 브랜드를 자랑하는 우리 기업들…….

그리고 골프, 영화, 음악 등 국위를 선양하는 수많은 젊고 유능한 인재들이 국민을 위로하고 있건만, 매일 국민을 편 가르기나 하며, 당파싸움이나 하는 저질과 수준 이하의 정치 패거리들은 언제 우리 눈과, 귀에서 사라질지 대선판이 가까워지며 욕과 한숨을 잠재울 소주병만 찾게 되는 내일이 두렵기만 하다.

카르페디엠과 메멘토모리

"지금 살고 있는 이 시간이 확실하고 중요함으로 현재를 즐겨라."

누구나 늘 가슴속에 담고 싶고 실천해보고 싶은 명언이다. 인간은 유한자적 존재이기에 일생 동안 자신의 삶속에서 경험하는 일들에는 시공의 한계가 있고, 더욱이 자신의 의지대로 인생이 보장되지 않는 불확실한 존재들이다.

특히 나이가 들어 갈수록 남은 시간에 대한 아쉬움과 두려움으로 우울해지기도 한다. 현재를 즐긴다는 의미는 행복을 찾아가는 과정의 일부이기도 하다. 생을 다하기 전에 우리는 일생 한두 번은 삶의 위기를 경험하며 자신의 삶을 돌아보는 때가 있다. 예상치 못한 질병이나 사고로 병실에 눕게 될 때, 지나간 삶의 시간들을 되돌아보며 많은 후회와 동시에 몸이 회복되면 더 나은 삶을 살아가겠다는 다짐과 설계를 해보곤 한다. 젊은 시절을, 오직 돈과 현실에만 집착하며 보냈던 귀중했던 시간들이 병상에 누워 있는 자신의 모습과 함께 대비되며 눈가가 촉촉해지는 경험도 하곤 한다.

그리고 부모님이 계신 요양병원에 문병을 갈 때마다 죽음을 앞에 두고 누워 계신 노인 분들을 대하면, 지금 저 분들은 무슨 생각을 하고 있을까? 많은 상념들이 지나간다.

바로 카르페디엠, 그리고 메멘토모리가 동시에 가슴에 와닿는 순간이기도 하다. 삶을 마감하며 나는 어떤 삶을 살았다고 회고하며 이승과 이별할까? 속된 말로, 출세해서 경제적 사회적 지위를 향유하며 살았던 시절이 행복했다고 자랑스러워하며 눈을 감을까? 아니면 사는 동안 많은 어려운 시간들 속에서도 희로애락을 같이 나누던 인연의 스토리를 회상하며 소중했던 사람들을 더 그리워할까?

현실에 만족감을 갖고 하루하루를 즐겁게 살아가려 하지만, 현실은 그렇게 쉽게 허락하지 않는 게 우리 인생이 아닌가. 자신을 둘러싼 수많은 직간접 현실적 여건들이 평범한 일상을 살기에도 녹록치 않다 보니, 카르페디엠은 그저 로마시대 옛 전설 속 세상 같기도 하다. 그래서인지 요즘 일부 신세대들이 추구하는 FIRE(경제적 자립, 조기 은퇴)족의 삶도 어느 정도 이해가 된다.

구글 최고의 브레인 집단 구글X의 신규사업 총책임자 모 가댓, 세상에서 가장 잘 나가는 기업에서 가장 성공했다는 그가 쓴 『행복을 풀다』에서 행복이 무엇인지 한번 생각해본다. 자식을 잃은 슬픔을 극복하는 방법을 찾기 위해 행복을 측정할 수 있는 고차방정식을 수립하는 지혜를 풀어간다. 죽기 전에 죽는 법을 배우고, 자신의 무지를 깨닫는 겸손한 인생관, 지금 여기에서 자신의 삶 자체를 객관적으로 바라보는 법을 배워야만 행복해질 수 있다는 깨우침에 공감한다.

공적 사회생활을 마무리하고, 이제 자신의 현재와 앞날을 어느 정도 바라볼 수 있는 세월의 길목에서, 조금이나마 자신만을 위한 즐거움과 기쁨 그리고 삶의 의미를 만끽하는 시간을 만들 수 있다면, 그것으로 남은여생의 행복이 아닐까?

무엇보다 나이와 관계없이 새로운 무언가를 보고 듣고 알아가려는 의지, 즉 여행이나 독서 등과 더불어, 손에 쥔 조그만 소유나마 이타적 심성으로 하나둘 나누어 나간다면 또 다른 내일이 기다려지는 현재를 즐길 수 있다고 다짐해본다.

칠십이종심소욕 불유구(七十而從心所欲 不踰矩), 공자께서 "나는 열다섯에 학문에 뜻을 두었고, 서른에 확고하게 섰으며, 마흔에는 의혹이 없었고, 쉰에는 천명을 알았으며, 예순에는 모든 소리에 통하고, 일흔에는 마음 내키는 대로 해도 법도를 넘지 않았다."고 하셨으니 건강을 유지할 정도의 경제적 여유와 시간, 그리고 흘러가는 시간들 속에 동행하는 인연들과 소소한 즐거움을 나누는 하루하루가 되는 일상이, 바로 카르페디엠을 실천하는 작은 행복이 아닐는지?

골프예찬

골프는 참 재미있는 운동이고 매력적 이기도하다. 이유는 많은 스토리를 담아내는 운동이기 때문이 아닌가 싶다.

첫째, 자연을 벗하며 짧지 않은 시간을 동반자와 같이 즐길수 있는 운동이다.

둘째, 자신의 운동 결과가 점수로 표시되기에 도전을 유도하는 묘한 매력이 있다. 따라서 일단, 운동을 시작하면 중단하기가 쉽지 않다.

셋째, 자신과의 심리적 싸움을 유발하기에 신사게임이기도 하지만, 상대의 성격을 파악해볼 수 있는 재미있는 운동이다.

넷째, 과격한 운동이 아니기에 나이와 관계없이 오래 즐길 수 있는 운동이다.

그 외에도 골프에는 여러 가지 장단점 요소들이 있지만, 남녀노소가 함께 즐길 수 있는 장점이 크다.

나는 해외생활을 일찍 시작한 덕분에 30대 초반의 나이에 골프에 입문했다. 해외생활의 외로움을 달랠 수 있는 운동으로 적합하다고 판단해 혼자 연습장을 다니며 비디오테이프를 교과서 삼아 시작한 운동이 40여 년이 된다.

교민들과의 교제는 물론, 회사 비즈니스에도 큰 도움이 되었다. 대부분 거래처를 접대하는 형식으로 골프를 많이 이용하는 사례가 일반화되다시피 했고, 다양한 분야의 사람들을 만나 사교할 수 있는 수단이 되어 많은 사람들이 선호하는 대중스포츠로 자리매김 한다.

이제 우리 남녀 골프선수들은 세계 프로골프계를 석권하고 있다는 사실은, 우리나라 경제수준이 기적과 같이 선진국으로 성장한 과정과 흡사하다고도 할 수 있다.

미국을 비롯한 서양선진국들 선수만의 잔치였던 프로골프계에 개발도상국의 작은 나라에서 혜성과 같이 나타나, US Open 챔피언을 탄생시킨 박세리의 쾌거는 기적이 아닐 수 없었다. 그 후로 대한민국은 20년의 골프 역사로 세계 여성골프계를 좌지우지 하고 있다.

골프를 하다보면 많은 에피소드가 생기곤 하는데 많은 골퍼들도 재미있는 이야기들로 밤새 얘기해도 모자랄 듯싶다. 특히, 작은 내기라도 하면, 서로 웃지 못 해프닝이 벌어지는 예가 다반사다.

자주 같이 게임을 하는 동반자이면도 서로 룰에 대한 시비로 플레이 도중 헤어지자며 각자 치기도 하고, 상대공이 벙커나 해저드에 들어간 지점을 따라다니며 심리적 압박을 주는 사람이 있는가 하면, 불리한 위치의 공을 상대 모르게 슬며시 공을 옮기는 행동으로 언쟁이 벌어지며 감정싸움으로 확대되는 사례를 많이도 보아왔다.

내기도 심해지면, 상대 플레이에 예민해질 수박에 없게 되고, 친목 도모를 넘어 잘못하면, 오히려 관계가 악화되는 경우를 종종 목격하기도 한다.

긴 시간과 높은 비용이 다른 스포츠에 비해 단점이 되기도 하지만, 이를 극복할 여유가 있고 자신과의 싸움을 즐기기만 한다면, 어느 스포츠 못지않게 오랫동안 좋은 동반자와 함께 수 있는 매력적 스포츠라고 단언하고 싶다. 푸른 들판에 공을 날려본 사람만이 느끼는 자족감의 표현이라 해도 좋다.

2016년을 보내며

찬바람이 불고 지나간 뒤, 동짓달의 눈이 앙상한 나뭇가지에 내려앉고, 마지막 잎새가 눈의 무게를 이기지 못하고 숨 쉬던 지상 위에서 이별을 한다. 하지만 그 이별은 또 다른 생명을 살리기 위한 희망의 몸짓이라고 믿는다. 변함없이 그 가지에 봄은 또다시 찾아온다는 믿음이 있기에 말이다.

2016년이라는 한 해가 우리와 작별하는 시간이 되었다. 다시는, 붙잡을 수 없고 같이 나눌 수 없는 지난 시간이 추억이라는 이름으로 가슴에 새겨지겠지. 이미 추억이 된 자신의 발자취들은 나에게 무슨 의미로 남을지 생각하면 아쉽고 후회스럽고 허전하기도 하다.

하지만, 지나간 모든 시간 속에는 재화로도 치환 수없는 귀중한 가치들이 있다. 설령, 그 시간들이 나에게는 힘들고 아프고 나쁜 기억으로 남아 있어도, 지금 내가 여기 숨 쉬고 있는 한, 나에겐 의미 있는 날들이라 생각한다. 우리 일상은 또 오늘처럼 나와 같이 함께 지나가기 때문이겠지.

나 자신과 내 주변의 모든 일들이 내 뜻대로 되지 않아서 마음이 유난히 상하고 아프기도 한 한 해이었는지도 모른다. 우리는 정치적, 사회적 동물이기에 내 의지와 관계없이 벌어지는 사건, 사고를 무심히 지날칠 수 없다는 의식이 넘치는 한 해이기도 했다.

저마다 살아온 환경과 사고의 차이가, 나이가 들수록 고착화되는 것이 일반적인 현상이지만, 그럴수록 나와 다르고 새로운 것에 대한 열린 의식으로 우리 주변을 돌아보는 자세를 한 해를 보내면서 다짐해본다.

해를 지나칠수록, 몸의 노화가 주는 불안감과 우울함으로 기쁨보다는 슬픔과 고독감이 밀려오지만, 자연의 섭리와 이치를 더 깨달아가는 지혜가 있는 한 두려워할 인생도 아니라고 생각한다. 이제, 지난 과거가 베푼 삶의 경험과 추억으로도 남은 우리의 삶은 충분히 살아갈 수 있는 가치가 있을 것이다. 더욱이 훌륭한 벗들이 나와 같이 동시대의 희로애락을 나누며 살아 갈 수 있는 건강과 여유가 있다면 행복이 아닐는지?

한 해 동안 시간 같이 해준 친구들, 정유년 새해에는 더 건강하고 가내 두루 신의 은총이 가득하길 빌면서 감사한 마음을 전한다.

2017년 새해

2017년이 출발하고 또 다른 새해가 되었다. 또 다른 설날은 새해의 희망과 기원을 다시금 새롭게 해주는 명절이 되도록 즐겁게 맞아 보는 것도 좋을 듯하다. 하지만 요즘 보고 듣는 주변의 소식들은 좋은 소식보다는 어둡고 부정적이고, 하는 일들도 눈에 잘 들어오지 않다보니, 자신의 삶과 의지와는 별 의미 없이 세상일들이 움직이고 있는 현실에, 조금은 소외된 불안감으로 우울하기도 하지만, 그래도 나라는 존재는 엄연히 살아있고, 숨 쉬고 있기에 힘을 내본다.

계절이 주는 춥고 어두운 색깔들로 마음이 더 무겁게 느껴지는 것도 자연 속에 존재하는 인간의 또 다른 나약함의 우리 모습이기도 하다. 지구는 돌고 있고 따뜻한 계절은 또다시 찾아온다는 섭리가 있기에 우리는 오늘, 그리고 내일을 기다려본다.

설령, 그 삶이 어제와 달라진 것은 없을지라도, 오늘 하루는 나만의 시간이고 나만의 세계이기 때문이다.

나 밖의 세계는 끊임없이 변화하고, 빠르게 다원적인 사회로 확장됨에 따라, 우리들 삶은 외부로부터의 충격에 대비하지 못하고, 더 힘든 사회구조로 가는 현실 앞에 우리 같은 노익장(?)들은 하루

하루가 버겁기도 하다.

‘지그문트바우만’이 말했듯 “우리는 각자 존재하고 나는 홀로 소멸하게 된다.”는 요즘으로 유행되는 각자도생에 해당하는 이 말이 실감나는 시대이기도 하다.

국내외의 정치, 경제, 사회 등 우리를 둘러싼 많은 이슈들이 금년 2017년을 어떠한 역사로 만들어 갈지 불확실한 속에 새해를 맞았다. 불확실성은 유일한 확실성이라는 어느 학자의 주장이 조금은 위안이 되기도 하고 믿어보고 싶다.

나이 숫자가 늘어갈수록, 우리가 할 수 있는 것은 주어진 여건과 건강, 시간 안에서 나를 위로하는 것들을 찾아 지혜 있게 사는 것일 것이다. 연륜은 지혜를 주는 축복중 하나라고 여기기 때문이다.

정보 홍수시대에 지성은 쌓기가 조금은 쉬워진 것에 비례해 지혜는 오히려 더 가볍게 여기는 세태가 우리를 슬프게 하는지도 모르겠다.

잊혀져가는 명절의 추억

- 2018 무술년 새해를 맞으며

오늘날의 사회는 적응해 나가기에도 벅차게 변화가 빠르다보니 우리들의 명절문화도 점점 퇴색되어가는 느낌을 지울 수가 없다. 50여 년 전만 해도 명절이면 조상에게 차례를 지내는 어른 집에 모여, 집안 가족들이 함께 시간을 같이 하며 조상의 산소를 찾기도 하고 항렬에 따라 인사를 주고받다 보면, 나보다 연배가 있으신 어른으로부터 아저씨라고 깍듯이 존대 받을 때의 기분 좋은 어색함이 재밌기도 했다. 지금도 일부 씨족사회가 있는 집안도 있지만, 산업화에 따른 핵가족화로 집안이라는 개념이 사라지면서 명절이 주는 집안간의 친목과 조상에 대한 예절과 의미도 사라져가는 안타까움도 느껴진다.

대여섯 명의 형제자매들이 옹기종기 한방에 어울려 살면서, 새 양말이나 옷 등 설빔, 추석빔을 일 년에 한두 차례 엄마로부터 배급 받을 수 있는, 손꼽아 기다리던 명절……, 그리고 기름진 음식을 조금은 넉넉히 맛볼 수 있었던 그날이다. 궁핍과 부족함이 주는 짜릿한 기쁨의 시간들을 오늘날의 어린아이들은 어떤 기쁨으로 명절을 지내며 기억하게 될지 궁금하기도 하다. 요즘은 명절이 되면 아빠 엄마 따라 비행기 타고 해외를 여행하는 사례도 많이 보게 된다.

시골 초가지붕에 눈이 내리면, 아침마다 소여물을 끓이는 커다란 솥이 걸린 아궁이 속에 밤과 고구마를 구워 건네주던 할머니의 손. 허기진 배를 채우던 맛보다는 할머니와 나누던 그 공간과 시간이 더 그리워지는 추억이다. 시골 겨울밤은 유난히 길게 느껴지기에 화롯가에 앉아 있으면 손자들을 위해서 장독에 몰래 숨겨둔 찰고염을 꺼내오시던 흙냄새 나던 그 방은 옛 명절의 기억 속에서 아직도 숨 쉬고 있다.

이제 손자를 보는 나이가 되었지만, 명절이 되어도 가족이 같이 모여 즐길 수 있는 즐거운 시간을 만들어 가기가 쉽지 않다. 아이들이 살던 아파트 공간이며 늘 먹는 음식 등, 할아버지 집을 찾아와도 똑같은 아파트에서 새로운 재미를 찾기 힘든 현실이다. 차라리 휴대폰 속 게임이 더 즐거운 시간이기에 아이들에게는 명절에 따른 가족이나 조상이라는 개념도 별 의미가 없을 수밖에 없을 것이다.

시간이 갈수록 우리 세대들에게는 명절이 더 지루하고 외롭게 느껴지는 날이 될지도 모르기에 평소, 오래 만나지 못한 가족들이나 옛 친구들과의 교류도 잘 유지하는 지혜도 필요하다는 생각을 조금은 서글프게 가져본다.

아직도 명절은 어려운 삶 속에서 서로를 보듬고 정을 같이 나누며 가족이라는 연대의식을 조금이라도 살갑게 느끼는 시간이 되었으면 하는 바램이다. 사랑과 복이 넘치는 무술년 황금 개띠의 밝은 새해가 되시길 기원한다.

알쓸신잡

얼마 전 TV채널에서 종영된 '알쓸신잡(알아도 쓸데없는 신비한 잡학사전)'을 시청하면서 느낀 것은 대화라는 것은 얼마든지 즐겁게 할 수 있고 재미있게 할 수 있다는 상식적인 새로움이었다. 그 바탕에는 도시를 구경하면서 도시에 얽힌 역사, 문화, 과학, 음식 등 다양한 대화의 소재거리로 대화의 양과 질을 높이며, 전문적인 지식을 겸비한 화자들의 멤버구성이 재미있는 프로그램을 만든 요인이 아닌가 한다.

그리고 대화를 서로 주고받을 수 있게 하는, 상대의 얘기를 차분히 들어주고 서로 호응해주는 미덕이 돋보이기에 좋은 반응을 보인 것 같다. 물론, 방송을 위해서 각색, 편집한 부분도 있겠지만, 그 프로를 보면서 느끼는 것은 친구들이나 지인들과의 대화도 얼마든지 유쾌하게 즐길 수 있는데, 우리는 술 한 잔 하면서 하는 얘기도 도중에 쓸데없는 시비꺼리로 불쾌하게 모임이 끝나는 경우를 종종 목격하곤 한다.

자신의 생각을 남에게 전달하고 상대로 부터 호응을 얻고 싶은 것은 인간의 기본적 욕구이고 본능이라고 해도 과언이 아니다. 더욱이 나이가 들면 자신이 살아오면서 경험하고 느낀 것들이 많기에 과거 일들의 선과 악을 떠나서, 남에게 자랑하고 싶어 하는 욕망은 나이 듦에서 오는 박탈감과 소외감으로부터 조금은 위안을 얻고 싶은 심리적 표현이라는 것도 인정해주면 더 웃음이 있는 모임이 되지 않을까?

우리는 누구나 자기만이 간직한 소중한 스토리들이 있다. 무엇과도 바꿀 수 없는 귀한 경험과 자신만의 인생이 담겨 있는 비화들을 꾸밈없이 들을 수 있는 것은, 친구라는 인연이 주는 잊지 못할 추억의 시간이기도 하다.

우리는 나이가 들면 말을 줄이고, 자신의 과거를 자랑하지 않는 것이 노인의 미덕이라고들 한다. 하지만, 모임을 같이 하면서도 친구에 대해 얼마나 알고 있고, 무슨 생각을 하고 있는지 서로 잘 알지 못한다. 개인의 프라이버시가 중요시되고 존중되는 사회가 되어서 우리는 더 행복하다고 할 수 있을까? 옆집 수저 젓가락이 몇 개까지 아는 이웃과의 관계가 불편해서 프라이버시를 더 선호하는 사회가 된 것일까?

일반적으로 여자 분들은 모임에서 수다로 즐거운 시간들을 보낸다. 대화의 기법을 일상의 소소한 일들을 수다를 통해서 체득하다 보니 나이 들어서도 친구들과 잘 어울려서 할아버지들보다 더 재미있게 노년의 시간을 지루하지 않게 보내는 것을 종종 본다.

가끔은 자랑스러운 친구의 무용담도 흠뻑 들어주는 시간을 종종 가져보는 것도 소외되어가는 늙은 청춘들의 정신건강과 그리고 친구의 우정을 새롭게 할 수 있다는 소견에서 몇 자 적어본다.

마음의 문

서로 다름을 인정할 수 있는 마음, 그 의식은 또 다른 세상을 바라볼 수 있는 기회의 문이고 이해와 사랑의 출발점이다. 내가 사는 시간과 공간이야말로 순간이고 한 점이라는 인식만 있어도, 내 삶은 더 풍요로울 수 있다.

그런 의식을 통해서 삶은 더 겸손해지고, 세상을 더 여유 있게 바라볼 수 있는 시야가 생기기 때문일 것이다. 서로 다름에 대한 이해의 폭을 넓히는 방법 중 첫 번째는 남의 이야기를 경청하는 것이다. 이 세상에 나와 외모가 똑같은 사람도 없고 나와 같은 생각과 경험을 갖은 사람은 이 지구상에 한 사람도 없기에 개인 한 사람이 더욱 귀중하고 그 개인 한 사람 한 사람의 역사도 무한가치이기에 우리는 서로를 인격적으로 존중해야 하는 이유가 있는 것이다. 따라서 타인의 말에 귀 기울이는 습관은 내 주위 사람들과의 인연의 깊이를 통한 또 다른 직간접 경험의 기회를 가짐으로써 세상을 보는 이해의 폭도 넓어지게 되는 것이다.

두 번째는 책이나 남의 글을 많이 읽는 습관을 기르는 것이다. 우리가 사람들을 만나 그 사람들의 이야기를 들을 수 있는 기회는 시간과 공간적으로 한정되어 있기에 문자를 통한 세상일들을 접하는 것은 살아 있는 한 무한대일 것이다. 역사, 철학, 문학, 과학, 수많은 인문 과학적 책을 통한 교양과 지식이야 말로 다채롭고 재미가 더해져서 즐거움도 배가 될 수 있다. 시간만 주어진다면 남들의 얘기와 경험적 스토리를 큰 투자 없이도 느끼고 배울 수 있다는 것은 책이 주는 축복이기도 하다. 인생의 가치는 결국 이 세상을 떠날 때, 일생 동안 만났던 사람들과의 가치 있는 인연의 스토리를 얼마나 많이 만들고, 그 속에서 많은 삶의 의미를 자신뿐만이 아니라 사랑하는 사람들과 나눈 시간일 것이다.

오늘날 우리가 사는 사회는 근대사회와 비교될 수 없는 무수한 정보와 사건들을 동 시간에 접촉할 수 있기에 그만큼 개인들의 의견이 다양화 될 수밖에 없다. 인구 증가와 문명의 급속한 발전에 따른 문화의 다양성도 개인 간의 사고의 차이를 확대시키는 요인이기도 하다.

이런 변화는 한 공동체를 넘어 국가, 인종, 심지어 종교 간의 분쟁을 낳는 추세이기도 하다. 이제는 한 국가의 시민의식을 넘어 지구의 시민이라는 의식이 필요한 시대로 발전해가고 있다.

마음의 문을 열고 많은 사람들의 의견을 경청하고 많은 지식을 접할수록 세상은 재미있어지고 자신만의 스토리 창고는 풍부해지는 기쁨을 누리게 될 것이다.

마음의 문, 그것은 자신과 남은 다르기에 더 가치 있다고 인정하는 의식으로 부터, 문은 활짝 열리고 나의 인생은 더 큰 바다를 향해 항해 수 있을 것이다.

샤덴프로이데

옛날부터 내려오는 속담에 '사촌이 땅을 사면 배가 아프다.'라는 말이 있다. 남의 불행이나 곤경을 보고 고소해하는 표현을 독일에서는 '샤덴프로이데'라고 한다.

우리는 이러한 심리적 현상들을 곳곳에서 보고 느끼며 때론 즐기며 살아가는지도 모른다. 남의 불행이 나의 행복인 심리는 요즘 유행하는 내로남불과도 유사한 정서가 아닌가 여겨진다.

옳고 그름을 떠나 2대의 대통령을 감옥으로 보내는 장면을 목격하면서 많은 사람들이 어떤 생각들을 했을까 상상해본다. 재벌 회장, 저명 정치인, 예술인, 사회적으로 추앙 받던 인사들이 쇠고랑을 차고 법정을 오가는 불행한 모습에 우리는 고소함을 느끼는 것에 만족해야만 할까?

물론 바른 사회 구현 그리고 현 정부가 추구하는 적폐청산을 위해서는 법과 사회적 정의를 바로 잡아야 하는 원칙에는 변함이 없어야 한다. 요즘, 사회적 공분으로 시끄러운 갑질이나 미투운동 등으로 우리 사회의 지도급 인사에 대한 도덕적 신망도 무너지는 현실은 단지 남의 불행을 즐기는 것으로 만족해서는 안 될 것이다.

정의로운 사회를 만들어가는 국정운영에 반대할 국민은 없지만,

여론에 경도된 마녀사냥 식 공격으로 개인의 사생활까지도 공개하고 비난한다면, 누구를 위한 정의인지도 재고해볼 필요성이 있다. 지난 과거에 잘못된 관행들이 오늘에 와서야 적폐라는 이름으로 여론몰이 식으로 청산되어야 한다면, 현직에서 일하고 있는 정부 인사들은 그동안 무엇을 했으며 그들도 적폐의 대상에서 자유로울 수 있는지 궁금하지 않을 수 없다.

중저소득층을 향한 감성적 인기에 영합하는 호의적인 이론과 정책이념들로 빈부간의 갈등을 부추기면서 자신의 권력욕은 만족시키는 정치인이나 집단은 없는지, 선거를 앞두고 미래를 내다보는 유권자의 역할을 다시 한 번 새겨봐야 할 것이다.

개인적으로도 나의 잘못된 행동이나 편협된 생각들이 남의 웃음거리가 되고 남에게 적폐의 대상이 되지 않는지, 자신을 시작으로 우리 모두가 되돌아보는 기회도 가져야 하겠다.

인간의 가치가 성숙된 사회로 발전하기 위해서는 샤덴프로이데보다는 서로가 윈윈하는 지혜에 기초한 사고와 정책들이 조화를 이루는 사회가 되었으면 하는 바램을 가져본다.

급변하는 시대

우리 윗세대, 바로 부모님 세대도 우리의 상상을 뛰어넘는 가난 속에서 어렵게 살아온 분들이 무수히 많다. 단적으로 오늘날 우리가 이렇게 살고 있는 현실이 개인적으로 옛날을 기억한다면 놀라운 일상이라는 생각을 하곤 한다. 40여 년 전에 차를 소유한 가정이 얼마나 있었으며 오늘처럼 해외여행을 지방 다녀오듯 한 가족이 있었나? 그동안 인천 성냥공장 아가씨의 눈물과 청계천 재봉사 누나들의 땀과, 땅 팔고 소 팔아서 자식 도시학교 보낸 우리 부모세대들의 한이 서린, 가난의 슬픈 사연이 있었다는 그 사실이나마 알고 있는 세대는 아마도 우리가 마지막이 될지도 모른다.

얼마 전 이병태 카이스트 교수의 글을 지인이 보내준 카톡으로 본 적이 있다. 그분이 자신이 어렵게 자랐지만, 그 고난을 극복하고 나름 성공한 스토리를 얘기하면서 오늘날 젊은 후배들의 정신자세에 대한 실망 특히, 금수저니, 헬조선 등과 같은 젊은 세대들의 무력감에 대해 훈계의 일갈을 했다.

지금까지 우리나라가 여기까지 경제적 발전을 이룬 공로에 대해서는 기성세대는 할 말을 해도 부끄럽지 않아도 된다는 견해에 동감한다. 그러한 성장과정에 우리는 땀을 흘렸고 그 발전의 어려움도 겪어 봤다. 그리고 이제 그 결실도 조금은 누리고 살고 싶기도 하다.

하지만 기성세대는 자신들이 이룩한 급격한 경제성장에 따라, 변화하는 지식산업화의 발전과 생활양식의 변화로 자신들이 지켜오던 미덕마저도 혼란스러워지는 것이 오늘의 현실이다. 특히, 인터넷혁명으로 인한 정치 경제 사회의 빠른 변화에 적응 감각이 무딘 기성세대입장에서는 젊은 세대들과의 소통에도 많은 장애가 있다 보니 자연스럽게 세대 갈등으로까지 경험하는 조금은 당황스러운 세대가 되고 있다.

이제는 정보혁명을 뛰어넘는 4차 혁명의 시대로 경제, 사회 전반에 혁신적인 변화가 빠른 속도로 다가오고 있다. 지금까지 인간이 살아온 생활패턴에도 엄청난 변화가 예상됨에 따라 기존의 법규, 제도 심지어 인간관계의 새로운 양식이 요구될 것이다.

이러한 급변하는 사회 속에 잘 적응하기에도 기성세대는 어려움을 겪고 있고 이로 인한 세대 간 의식의 격차가 사회문제화 되고 있는 것이 현실이기도 하다.

하지만 새로운 산업혁명이 인간이 사는 세상을 바꾼다 해도 인간이 갖고 있는 최고의 가치인, 유한자로서 인간에 대한 사랑과 배려 그리고 사회적 동물로서 같이 살아가는 공동체의식만큼은 변하지 않기를 바래본다.

당구유감

요즘 당구를 즐기는 열기가 예전보다 많이 뜨거워진 느낌이다. 그 시작은 '빌리어드 TV'라는 채널이 만들어낸 미디어효과 때문이 아닌가 짐작한다. 골프 채널은 오래되었고 수도 많아서 골프가 대중화되는데 큰 역할을 하고 있고 더욱이 한국의 낭자들이 세계무대를 점령하다시피 하니 골프에 대한 인기가 더 높아지는 계기가 되었다.

한때 볼링이 스포츠게임으로 열풍이 불던 때가 어제 같은데, 지금은 볼링장이 많이 사라진 것을 보면 애호가들의 변화도 참 빠르다는 것을 실감하게 된다. 아무튼 요즘 당구장이 많이 늘고 있다. 남녀노소가 즐길 수 있는 게임이다 보니 재미난 일도 있고 가끔은 눈살을 찌푸리게 하는 해프닝도 벌어지곤 한다. 친구들과 당구게임을 하면서도 많은 감정들이 교차하는 것을 보면, 게임은 역시 재미있고 흥미와 유감도 있어 즐기고 싶다. 문제는 당구장이 닫힌 공간이다 보니 흡연이 큰 이슈가 되기도 하는데 법령이 발효되는 시점이 올해 말이라 하니 서로 참고 이해하는 수밖에 없다.

게임이라는 속성이 거의 모두, 상대와의 우열가리기다 보니, 게임 시 심리적 싸움이 뜨거워 질 수밖에 없는데, 그로 인한 감정의 표출이 문제가 되곤 한다. 다른 게임에 비해 상대를 괴롭히는 상황이

본인의 의도이건 실수이건 무수히 발생하다보니 감정이 격해진다는 것이 사건(?)의 발단이 되기도 하는데 이점을 어떻게 소화하느냐가 또한 당구게임의 묘미가 아닐까 한다. 게임 자체가 변수가 많다보니 시비꺼리가 빈번히 발생하면서 성격까지 합세를 하면 묘한 분위기가 연출되는 것을 경험하곤 한다.

승부를 가르는 게임이라서 자신도 인간이기에 감정의 기복이 있을 수 있지만,너무 집착하다보면 게임이 즐겁지가 않고 친구와 잠시나마 오해도 생기는 우를 범할 수 있기에, 나름대로 자신과의 룰을 정하고 당구의 재미를 즐기려고 노력한다.

첫째, 당구도 즐겁지만 친구와 같이할 수 있다는, 시간을 즐긴다는 자세를 갖자.

둘째, 가능한 나 자신의 게임을 즐기자. 상대의 게임을 즐기되 간섭은 하지 않는다. 하지만, 상대의 멋진 샷은 한 수의 가르침으로 조용히 칭찬의 표시를 하자.

셋째, 게임은 내기가 또한 재미이므로 betting을 하되 경비를 조금씩 상호 부담하는 게임을 즐기자.

넷째, 게임시 시비가 생기는 문제가 발생할 때는 자신의 불리함으로 받아들이자.

사실, 나 자신도 게임을 하다보면 나 자신의 부족한 실력으로 맘이 상해서 표를 내기도 하는데 가능한 스스로 컨트롤하는 마음 수양의 다짐을 해본다. 당구를 즐기는 사랑하는 친구들, 나부터 더 신나는 당구가 되도록 노력 중이니 앞으로도 재미있고 웃음 넘치는 시간 많이많이 즐겨보자.

노년의 친구는

1950년도 초반의 출생 년도 나이 연령은 대부분, 사회를 이끄는 중심세대로부터 벗어나서 이제 자신의 노후생활을 걱정할 시기다. 또한 남은 인생을 나름 어떻게 의미 있게 보내고 유한자적 존재로, 생을 어떻게 슬기롭게 마감해야 되는지 생각해야 나이이기도 하다.

우리나라 인구의 평균수명이 점점 길어지는 현실과는 반대로 빨라지는 직장 정년퇴직의 압박은 거세지고 있다. 급변하고 급증하는 소프트웨어 시대에, 직장에서 남보다 뒤지지 않기 위한 노력 없이는 직장생활 생존이 불가한 시대로 점점 변해가고 있기 때문이다. 이런 측면을 감안하면 아날로그시대를 살아온 세대는 육체적으로 힘들었는지는 몰라도, 정신적으로 마음의 여유는 즐기며 살았다는 위안도 가져본다.

나이 든 노후 세대의 첫째 과제는 남은여생을 어떻게 보낼 수 있는지, 모두가 안고 있는 개인적 문제며 사회적 관심사이다.

나이 칠십이면, 종심소욕불유구라, 하는 대로 거침이 없고 가는대로 길이 만들어진다고 한다. 한마디로 경계가 없어진다고 하지만, 우리 일상은 가고 싶은 대로 갈 수 있는 마음의 여유도 쉽게 허락하지 않는다.

이제 남은여생의 시간을 흘러가는 물리적 시간인 크로노스 시간에 맡기며 무심히 살지, 아니면, 삶의 충만을 느낄 수 있는 카이로스 시간을 스스로 만들며 살지는, 개인 각자의 삶에 대한 의식에 따라 다를 수밖에 없다.

우리는 나이가 들수록 지나가는 물리적 시간을 함께 소통하며 동시대의 희로애락을 같이 나눌 수 있는 친구의 소중함에 대해 많이 듣고 느끼고 말한다. 빠르게 흘러가는 기계적 시간을 스토리가 있는 시간으로 만들어가는데, 친구만큼 좋은 인연은 없기에 소중한 가치로 모두 인정한다.

사회적 만남의 기회도 줄어들면서 소외감과 외로움은 신체적 퇴보만큼 더욱 깊어지기에, 진정한 친구는 무엇과도 바꿀 수 없는 노후의 마지막 재산 중 하나가 아닐까.

앤드류 매튜스의 저서 『친구는 돈보다 소중하다(MAKING FRIENDS)』에 좋은 친구 만들기 10 계명이 있는데 그중 5가지 계명이 현실적으로 다가옵니다.

1. 우선 자기 자신을 사랑하라.
2. 작게 말하고 많이 들어라.
3. 말과 행동을 일치시켜라.
4. 겸손하되, 자신의 뜻을 분명히 밝혀라
5. 원하지 않는 사람과 억지로 사귀려고 애쓰지 마라.

친구도 만나게 된 시기와 인연에 따라, 여러 가지 부류로 나뉜다.

어릴 적 고향친구, 학교동창의 친구, 사회생활에서 만난 친구, 동호회 친구 등……. 하지만 자신의 생활 변화에 따른 만남과 헤어짐으로 친구 간의 관계도 늘 변화되기 마련이고 안 보면 멀어지는 게 인지상정이다.

학창시절 가까이 지냈던 친구도 많지만, 잊지 않고 꾸준히 관계를 유지하는 죽마고우 같은 친구가 나는 얼마나 있는지 되새겨 보면, 부끄럽고 후회도 된다. 더욱이 졸업 후 오랜 시간이 흐르며 서로 가까이 교류할 수 있는 친구도 한정되어 있는 게 현실이다.

대학 졸업 후 오랜 시간이 흐른 뒤에도 동기모임을 활성화 시킨 훌륭한 친구들 덕분에 세월의 간극도 극복하고 새롭게 알아가며 느껴보는 우정의 시간은 또 다른 노후의 기쁨이 아닐 수 없다. 서로의 다름을 인정하는 모임으로 발전하여 해외여행까지 다녀오는 자랑스러운 모임은 잊을 수 없는 노후 로망의 추억으로 간직하게 된다. 나이 들수록 친구의 양보다는 우정의 깊이를 더할 수 있는 친구가 그리운 나이가 된 듯하다.

내가 친구들 여행에 도움을 줄 수 있었던 것은 나의 능력보다는 지금의 나로 살게 도와준 사람들과 친구들의 은혜, 그리고 하느님 뜻의 결과일 뿐이고, 친구들에게 베풀고 있다는 생각은 해본 적이 없다. 두고두고 새겨두고 싶은 친구의 한마디다. 끊임없는 인간의 욕심을 비웃는 죽비 같은 깨우침이 조금이라도 내 가난한 가슴에 같이 하길 바래본다.

우리나라 음악의 위상

일간 신문지에 "세계적 권위 '부소니 콩쿠르'를 휩쓴 한국의 두 피아니스트"라는 기사를 접하며, 다시금 한국인들의 음악적 재능을 입증하는 좋은 소식이 반갑게 느껴진다.

한예총 4학년 재학 중인 박재홍은 1위를 서울대 재학시절 미국으로 건너간 김도연은 2위를 차지했다. 1위가 없는 2위를 선정하는 유명 콩크르로 과거 수상 경력자에는 서혜경, 이윤수, 임동민 등이 있고, 외국 수상자 중에는 베토벤 피아노 협주곡 연주로 귀에 익숙한 알프레드 브렌델이 있다.

요즘, 코로나19로 집에서 보내는 시간이 많다보니 혼자 보내는 시간을 어떻게 나름, 재미있고 알차게 보낼 수 있는지 조금씩은 고민하게 된다.

개인마다 직업과 주거 환경에 따라 다르겠지만, 가장 쉽고 편한 TV시청은 식사 때나 가끔 보는 TV뉴스, 다큐멘터리 프로이외에는 관심이 없는 편이다. 그런데 최근 월요일을 기다려지게 하는 음악 프로 하나 중 슈퍼밴드 2를 우연히 보게 되었다.

학창시절 그룹사운드에 대한 추억, 그리고 윤도현밴드 정도 듣곤 했는데, 이 프로를 시청하면서 우리 젊은 친구들의 일렉트릭 기타를 비롯한 전자사운드와 융합된 연주 실력에 감탄과 새로운 음악세계를 접하게 되었다.

물론, 악기의 발전에 따른 음향이 좋아진 점도 있겠지만, 편곡이나 연주, 그리고 보컬수준이 예전 취향에 젖어 있는 저에게도 감동있게 들린다.

최근 음악 경향과 흐름을 잘 모르는 초보자 입장에서 좋은 평가라고 할 수도 있겠지만, 음악은 듣기에 좋고 느낌으로도 족하다는 원론적 논평으로 이해해주면 좋겠다.

아무튼, 젊은 세대의 음악에 대한 열정이나 실력이 매우 향상되고 있고 그 결과로, 좋은 소식들이 한국인의 음악에 대한 우수성과 성취로, 여러 가지로 힘들고 어려운 시기에 국민적 자존감으로 위로 받곤 한다.

K팝을 탄생시킨 BTS의 위상으로 한국인이라는 자부심을 젊은 세대에게 심어주는 효과의 가치는, 우리나라가 최빈민국에서 세계 경제대국으로 성장하게 된 기적과 같은 업적과 대등하다 하면 과언일까?

우리 젊은 음악인들이 더 큰 세계무대를 향해 발전하는 미래는, 소프트웨어 시대로 확장, 발전하고 있는 미래 융합산업과 더불어 우리경제 발전에도 상승효과로 성공하길 기대해본다.

꽁치와 가자미

이성길 선생님의 에세이집 『꽁치와 가자미』를 접할 때 나는 '왜 저자가 제목을 생선이름으로 정했을까?' 호기심을 자아냈다.

바다에 사는 생선이 바다를 두고 서로 다른 의견(넓다, 깊다)으로 다투지만, 문제의 핵심은 진리는 다수결에 의해 결정되지 않는다는 사실을 알지 못하는데 있다고 선생님은 지적하신다. 그리고 현실사회가 보수와 진보가 서로 자신들의 주장이 옳다며 투쟁하는 어리석음을 간접적으로 꾸짖는 글이다. 추측하건대, 현실 세상사와 정치의 답답함을 책의 제목으로 비유하신 뜻이 있지 않을까 감히, 생각해 본다.

우리는 어떤 사안을 두고 결정하는 과정에서 종종 다수결의 원칙을 내세운다. 사인 자체에 대한 오류는 무시하고 선택을 강요하는 모순적 행동들이 우리사회 여러 분야에서 곧잘 일어나고 있다. 우리 선거제도 역시 유권자 과반의 지지를 받지 못해도 다수표를 얻은 후보자가 당선된다.

분명, 당선된 후보 자질에 문제가 많이 있음에도 다수결의 지지를 받았으니 당선자의 모든 의사결정은 존중되고 따라야 하는 제도가 과연 민주주의의 기본 정신이라고 할 수 있을까?

탈원전이 문재인 당선자의 공약이니 집행에 반대하는 행위는 불법이고 옳지 않다며 반정부 세력으로 몰아붙인다.

조국 사태나 심지어 경제 정책까지 사안자체의 본질은 논외로 배격하고 호불호나 이념으로 국민을 갈등과 분열로 조성하며, 마침내는 팬덤 정치로 자신들의 주장은 결코 굽히지 않는 사례를 많이 경험하고 있다. 이탈리아 무솔리니의 파쇼나 독일 히틀러의 나치즘도 그 근원은 국난의 역경을 민족이라는 이념으로 대중을 선동하여 권력을 쟁취하고, 전체주의로 전쟁을 몰고 간 결과, 자신들의 국민은 물론 얼마나 많은 인명이 사라졌는지 역사는 증명하고 있다.

선생님의 『피타고라스와 음계』 수필집에서 피타고라스가 발견한 음의 이론을 진동수를 가지고 설명하시는 부분은 수 개념이 부족한 사람으로서 아직도 이해가 쉽지 않다.

음악가는 본능적인 수학자라고 하는데 선생님의 저서를 통해서 선생님의 수학적 사고의 깊이를 피상적이나마 느끼면서 학생시절, 수학문제에 허둥대던 자신의 모습이 오히려 당연하다는 위안을 얻기도 한다.

음악은 물론 역사, 문학, 자연과학, 동식물들의 세계, 인류사 등 모든 학술적 분야를 섭렵하시며 수리적 원리를 다른 학문에 융합시키며 지식과 지혜를 설파하시는 식견에 자연스레 고개가 숙여진다. 제자들이 선생님을 존경하는 이유를 선생님의 저서들을 읽으며 더욱 체감하게 된다.

바흐 음악 속에 흐르는 숫자 편 또한, 바흐음악을 새롭게 감상하는 계기를 갖게 되어 신선한 지식이 되었다.

독실한 기독교 신자이신 선생님의 인품을 글 곳곳에서 마주하는 시간도 자신을 돌아보는 귀중한 기회가 되기도 한다.

또한, 동양고전과 역사이야기를 많이 소개해주시는 선생님의 학문적 깊이에 감동과 더불어 많은 교훈을 얻게 되는 기쁨을 "소년이 노학난성, 일촌광음불가경"으로 갈음하고 싶다.

배움의 길에는 나이와 세월도 아무런 상관관계도 없으며 오히려 새로운 내일을 경험하는 현명한 자세임을 선생님의 가르침으로 명심하게 된다.

『한자성어 및 속담사전』을 준비하고 계신 이성길 선생님 손길과 건강에 신의 은총이 늘 같이 하시길 기원한다.

합창

'합창'이라는 추억이 삶의 무게로 저편으로 밀려나 있는 날들 속에, 다시 부르고 싶은 그리운 노래가 있어, 두려움과 설렘으로 살며시 연습실 문을 열어보았다.

보고 싶고 그립던 얼굴들, 강물같이 흘러간 시간의 얼룩들이 변해버린 모습으로 먹먹한 애잔함으로 흐를 때, 신의 한 수 지휘자의 손끝이 춤을 추면, 잊혀졌던 노래는 화음이 되고, 어깨를 내려 누르던 지난 아픔들은 환희의 합창이 되었다. 젊음의 향수는 고향을 찾아온 한 잔 술잔에, 과거는 참으로 아름다웠고 허망 하다는 추억의 조각들로 깊어가는 성균골의 밤. 우리는 세월의 깊이로 더 큰 만남의 노래를 할 수 있어 행복했다.

떨어지는 낙엽 하나가 온 가을을 싣고 떠나가는 이 황홀한 가을밤, 분노와 실망의 물결들이 거리를 넘치는 슬픔이 있다 해도, 합창이라는 아름다운 몸짓 하나로, 우리는 다시 일어나 사랑과 희망의 촛불을 힘차게 노래한다.

영원히 이대로 그대와 함께.

SKCHORUS
성균금잔디합창단 정기공연
나는 아름다운 나비
지휘
김동언
반주
김재희
2019. 12. 8(일) 6:00 pm
노원문화예술회관 대공연장
주최 : 성균금잔디합창단 후원 : 성균관대학교합창단동문회 성균관대학교합창단후원회

나의 노래

- 성균합창단 50주년에 부치는 시

젊은 그날
당신의 사랑스런 보석 같은 그대 눈 속에
내 마음 같이 있어 인생은 아름다웠고
못다 핀 꿈은
봄의 남촌 늘력 남풍이 되어
흰 머리카락 사이로 다시 찾아온 그날
우린 봄의 새싹들처럼 다시 한 번 해보는 거야
더 힘차게 소리 높여 '일어나'를 외쳐 부르자
색 바랜 시간 사이로 기간은 바람처럼 흘러갔지만
우린 또 다른 모습으로
'내 맘의 강물'을 노래하네
반세기의 은행잎이 성균 뜰 앞에
황금빛으로 물들이는 이 가을
수많은 별들이 지나가는 이 밤에
다시 부르는 가슴속 노래 있어
그리운 얼굴들 잠 못 이루네
세월은 화음을 만나 추억이 되고
그리움은 사랑의 노래가 되는
성균합창단

MT

참으로 오랜만에 들어보고 느껴본 1박2일의 MT였다. 45여 년이 흐른 세월 속에 합창단이라는 이름으로 하룻밤을 같이 하며 노래한 시간이 4월의 잔인한 봄날처럼 아름다운 추억이 된 것 같다. 화려하지는 않지만 편안한 숙식과 우리들 정서에 맞는 장소를 마련해준 임원진, 그리고 보이지 않는 곳에서 봉사해준 단원들에 감사한 마음은 모두가 하나같으리라 생각해본다. 다시 한 번 성공적인 MT를 위해서 수고해주신 여러분들에게 단원의 한 사람으로 고마움을 느낀다.

음악에도 여러 가지 유형들이 있지만, 합창이 주는 매력은 음악을 사랑하고 노래에 소양이 있는 사람이라면 누구나 같이 합창으로 우리들의 삶을 더 풍요롭게 할 수 있다는 장점일 것이다. 여러 사람이 모여서 화음을 만들어가는 과정 속에서 우리는 많은 것을 느끼고 배울 수 있기에 다른 어떤 모임들보다 마음의 위로가 되는 즐거움이 있다.

특히, 금잔디합창단은 한 분 한 분이 합창을 사랑하는 것은 물론 금잔디에 대한 자부심과 봉사심의 열정으로 모임의 활력이 돋보인다. 단원 개개인은 개성이 넘치지만, 세월이 주는 너그러운 이해심과 배려들로 금잔디는 기쁜 마음으로 노래할 수 있어서 행복한 만남들이 이어지고 있다.

그래서 어떤 분의 말씀을 빌면, 금잔디는 종교집단과 같다는 농담에 긍정의 미소가 나오기도 한다. 몸은 비록, 젊음이 멀어져가는 아쉬움이 있지만, 아직도 왕년 금잔디 단원들의 화려했던 값진 경험들을 같이 나눌 수 있기에 금잔디 합창의 모임은 또 다른 인생의 여유를 주는 밑거름이 되리라 희망해본다. 노년은 희망이 사라지고 외로움이 다가오는 힘든 시간이다. 삶은 우리가 살아가는 한, 엄연한 실존이고 어려운 시련들의 연속이다. 우리 금잔디의 노래들로 조금이나마 일상의 기쁨과 위안이 되는 내일을 같이 만들어 가본다.

영혼이 자유롭기를 꿈꾸는 '넬라 판타지아', 민중들의 사연이 녹아있는 구전민요 '새야 새야 파랑새야', 가을의 정취가 묻어나는 '귀뚜라미' 등 다양한 감흥을 느낄수 있는 곡들을 즐겁게 불러본 4월 봄날의 하룻밤. 아쉬운 여운을 남기는 MT였다.

아프다는 것

인간도 유한자적 생명체이기에 탄생과 소멸의 과정을 거치며 나름의 일생을 보낸다. 우리는 사는 동안 많은 아픔들을 경험한다. 정신적 아픔, 육체적 아픔 중에서도 신체기관에 문제가 발생해서 오는 고통이 우리에게는 가장 큰 두려움이기도 하다.

사회생활을 하면서 경험하는 여러 가지 정신적 아픔도 무시할 수는 없지만, 그 고통은 잘 이겨내면 자신의 삶이 더 풍요로워 질수 있는 장점도 있지만, 육체적 아픔은 극복해나가는 과정에서 고통이 크고 회복이 되어도 도움은 되지 않는 것이 일반적이다.

나이가 들수록 우리 몸도 노화되면서 여러 가지 병적 증세가 나타나고 아픔들로 병원을 자주 찾게 되면 얼굴도 점점 어두워지고 신경도 날카롭게 날을 세우고 마음도 편해 질수 없게 된다.

아픔이 없다는 것은 그 자체가 행복이다. 돈도 명예도 아픔이 없는 것보다 행복해질 수 없다. 몸에 조그마한 상처 하나가 있어도 맘이 편치 않다. 더욱이 고령이 될수록 신체 이상도 많아지고 병도 잘 치유되지 않는 아픔이 따라온다. 그럴수록 자신의 몸이 편하게 느껴지는 시간들을 많이 즐기도록 노력하는 습관도 필요하다.

자신이 좋아하는 것에 몰입하는 시간만큼은 나의 존재를 인식하는 기쁨이고 편안한 마음상태를 유지하는 것이 곧 건강한 자신이기 때문이다. 몸을 움직이는 요가, 정신적 기쁨을 주는 독서, 마음에 향기를 주는 음악감상, 노래, 신앙생활, 그리고 신체에 활력을 주는 각종운동 등 인간은 다양한 수양활동을 통해 자신을 절제하고 개발해나간다. 또한 인간은 유한자적 생명체라는 진실을 겸허히 받아들이면서 자신의 사고와 육체에 큰 지장이 없는 한, 주워진 시간만큼은 최선은 아닐지라도 편안하고 행복한 시간들을 만들어가는 노력도 인생의 마지막 바램이 아닌가 느껴본다. 시들어가는 육체에 조금이라도 위안을 주기 위해서는 정신적 수양이 더 필요한 이유이기도 하다.

낙엽을 바라보면서

나이가 들면, 심신이 쇠약해지는 것은 어쩔 수 없는 생명체의 운명이지만, 노화를 아무리 미사여구로 미화해도 늙는다는 것은 슬프고 허망한 현실이다.

늙을 것 같지 않은 젊음의 패기로 무섭기만 하던 부모님의 얼굴은 이제 볼 수 없고, 이젠 늙은 우리들의 모습이 자식들 눈에서 점점 멀어져 가는 우리들이 되었다. 할일은 점차 줄어만 가고 사회변방에서 주워진 여건을 운명처럼, 하루하루를 그럭저럭 보내는 세대이기도 하다. 별 볼일 없는 나날이지만 마음은 오만가지 생각으로 복잡한데, 남는 것은 지나간 시간이고 우울한 심정에 잠을 설치기도 한다.

나이가 들수록 마음을 내려놓으면 편해진다는 말을 자주 듣기도 한다. 좋은 말이고 행동으로 옮기기는 쉽지 않지만, 그 말의 의미도 조금씩 깨우쳐가는 나이이기도 하다. 주변들이 하나둘씩 정리되며 잊혀져가고, 병원이나 장례식장을 이웃 삼아 들락거리며 '공수래공수거'가 무엇인지 피부로 느끼곤 한다.

현대 의학이나 생활환경의 발전으로 아버지 세대와는 전혀 다른 삶을 살며 수명도 연장되고 있는 우리 세대다. 비록 생명은 의학의 도움으로 연장된다고 하지만, 실질적인 삶의 질과 행복도 개선되었는지는 의문이기도 하다. 세대 간 의식의 격차, 자식의 도움 없이 살아가야 하는 경제적 문제, 소가족제도에 따른 불가피한 독거 생활 등, 물질적 정신적으로 극복해야 할 과제들도 예전에는 경험해 볼 수 없는 현실에 직면한, 우리들 세대이기 때문이다.

요즘 젊은 세대는 혼밥, 혼술, 혼자 즐기는 생활이 점점 익숙해지는 세대라고 하는데 어차피, 혼자 밥 먹고 술 마셔야 할 우리에게는 조금의 위안이 되기도 한다.

YOLO(You Only Live Once), 남보다 자신, 미래보다 현재의 행복을 중시하는 젊은이들의 태도가 바로 우리 세대에게 가슴에 팍와 닿는 명귀가 아닐 수 없다. 허락된 여건에서 자신만의 장점과 재능으로 남은 생을 후회 없도록 즐기는 우리 친구들이 그리워지는 것은, 같은 시대를 살아온 우리들의 공감대가 더 소중해서 그럴 것이다.

가끔 꼰대라는 소리를 들어도, 사라져가는 것들에 대한 애정과 아쉬운 감정들을 나눌 수 있는 시간들은 우리 세대만이 누리는 행복한 전유물이기에 개의치 않는다. 가끔씩 터져 나오는 농익은 육두문자도 동심과 우정으로 웃는 건강한 우리들이 되기를 떨어지는 낙엽을 바라보면서 기원해본다.

박수근 화백

친구가 보내준 영상 속, 박완서 작가의 글을 귀로 들으면서, 박수근 화백의 그림과 생애를 실감나게 표현한 저서 공주형 미술평론가의 『착한 그림, 선한 화가 박수근』이 떠오른다.

1914년 양구에서 태어나 1965년 51세에 생을 쓸쓸하게 마감한 박수근 화가! 그의 생애는 한마디로 국가의 난국시대에, 가난의 삶 속에서 우리의 생활 주변, 애환의 삶들을 서정적인 모습들을 담백하게 그려낸 너무나 서민적이고 인간적인 화가라는 생각을 지울 수 없다.

사랑하는 순박한 여인을 향한 청혼의 말처럼, "재산이라곤 붓과 파레트밖에 없다"는 선한 화가 박수근! 그의 그림 제목만 보아도, 알 수 있듯이 몸에 밴 가난 속에서도 순수한 인간의 영혼들이 그림 속에 젖어 보인다. 시장, 좌판, 공놀이 하는 소녀들, 나무, 고목과 여인, 나물 캐는 소녀들, 빨래터, 나무와 두 여인, 노인들, 우물가 등, 나무를 그린 그림도 잎이 없는 가지들과 소쿠리를 머리에 이고 가는 여인의 모습은, 헐벗은 시대 흐름 속에서도 꿋꿋이 생을 이어 가려는 여인의 모습이 떠오른다. 박완서 작가의 표현대로 "가난한 인간들 옆에 가난한 나무들이 서 있다."란 생각이 든다.

어지러운 세월의 시간에도 박수근이 박완서를 만나게 된 사건은 운명처럼 느껴지는 인연 같다. 그녀로 인해 미군들, 특히 말러 부인을 알면서 그림이 팔리게 되고 창신동에 집도 마련하지만, 굴곡진 시대 환경과 가족의 애환(2남 1녀를 잃음)은 그를 편히 놔두지 않는다.

1957년 국전에 출품한 대작, 세 여인이 낙선되는 고통에서 벗어나기 위해, 음주가 심해지고 결국은, 이로 인해 백내장으로 한쪽 눈을 실명하고 간경화가 악화되어 1965년 5월 6일 생을 마감한다. 기독교 믿음을 가진 그의 마지막 말은 "천당이 가까운 줄 알았는데 멀어, 멀어……."였다고 한다.

개인적 경험이지만, 서예를 무척 좋아하시고 국전에서 입선까지 한 후에도 국전에 출품하지만, 낙선 경험을 하며, 협회의 비리를 실감하고 붓을 던진, 우리 아버지의 얼굴이 오버랩되는 장면이기도 하다. 그래도 봄가을이면 덕수궁에서 열리는 국전 전시회에는 같이 데려가 주시던 생전의 모습이 스쳐 지나간다.

일생을 가난 속에서 몇 십 달러에 팔렸던 그의 작품들은 이제, 45억까지 낙찰되는 현실에서 진가의 예술작품은 세월을 초월해서 더 밝은 빛을 발휘한다는 예술의 가치를 실감한다. 마치, 고흐의 생애와 명작처럼…….

고호가 동시대의 고갱과 인연이 있었다면, 박수근은 한 살 어리지만, 형이라고 부르던 이중섭이 있었고, 고호에게 재정적 지원이 되어준 동생 테오가 있었다면, 수근에게는 그림을 사준, 말러 부인과의 인연이 있었던 개인사는 비록, 시대와 공간 그리고 역사적 배경은 다르지만, 두 화가의 생애가 우연치고는 유사한 점이 많아 보인다. 미술이나, 음악분야의 예술세계에서 위대한 작가들의 탄생은 치열한 개인적 삶과 시대의 아픔을 이겨내는 과정에서 그들의 예술성이 작품으로 구현되는 천재들의 시간, 바로 우리의 삶 자체가 예술이 아닌가 하는 상상을 해본다.

같이 사는 사람은 다 이상하다

허리 수술로 다리가 불편하다 보니 평지가 아닌 길을 걷다보면 종종 걸려 넘어진다. 주로 무릎이나 손, 팔 등에 생기는 상처를 대비해 집안에는 가정상비약품들을 구비해놓고 있다. 얼마 전, 방수밴드가 필요해 집사람에게 사오라고 했다. 집사람은 동네 약국에서 방수밴드를 구입해 집에 들어오며 한마디 한다.

"같이 사는 사람은 다 이상하대."

구입한 약값이 3만 원 가량 되다보니 약국 아줌마가 미안한 마음이 들어서인지, '약을 왜 이리 많이 구입하느냐'는 대화를 시작으로 남편들 흉을 보며 약국 아줌마가 하신 말이다. 웃음으로 흘려버리기에는 왠지 마음에 걸려 나 자신과 우리를 되돌아보게 된다.

40여 년이 다 되어가는 세월을 부부로 살면서 깨달은 결론이, '같이 사는 사람들은 다 이상하다'니……. 농담이라기보다는 피부에 와 닿는 동질감도 느껴지며 쓴웃음이 절로 나온다.

맞다! 같이 사는 아빠도 엄마도 형제자매도 이상하다고 느껴질 때가 수없이 많다. 어린이들은 내가 이해 못하거나 내 생각과 다르면 모두 이상하게 느낀다. 그런 심적 갈등을 교육과 사회경험을 통해서 이상한 세상을 점차 이해할 줄 아는 자신의 지적 능력, 그리고 타인들과 더불어 사는 지혜를 쌓아가는 과정이 곧 우리 인생이기도 하다. 하지만 인간의 모습이 다 다르듯이 우리 내면의 타고난 천성과 성품은 모두 고유의 특성뿐만이 아니라, 살아온 환경과 경험의 차이로 우리 모두 이상한 존재들이 혼재되어 세상은 돌아간다.

코로나19이후, 사회적 거리두기로 인한, 만남과 모임이 소원해지는 반면, 재택근무가 활성화되면서 가족 간 생활은 더욱 친밀해지고 있다. 자녀 교육도 학교 수업이 집안에서 인터넷을 통해 진행되며, 좁은 집안 실내 공간에서 오랫동안 지속 되다보니, 가족 간의 사생활 침해가 빈번해지고 이해와 평화보다는 짜증과 마찰로 단란했던 가정도 소리가 커지곤 한다. 이렇게 같이 사는 식구도 다 이상해진다.

남자가 나이가 들어 은퇴를 하면, 두 부부는 자연스레 생활 시공이 갑자기 가까워진다. 코로나19 이후 그 시공은 더욱 밀접해지며, 전에 느껴보지 못했던 부부간의 모습이 피부로 느껴지기 시작한다. 매 끼 식사와 TV시청, 청소 아니면, 장보러가기 정도로 단조로운 시간이지만 같이 할수록 조그마한 일에도 신경이 쓰이고 상대의 단점만 눈에 크게 들어오곤 한다. 싸워봐야 해결책이 없다보니 입, 눈, 귀를 가능한 닫고 남 같이 산다. 이런 커플들을 유감스럽게도 주변에서 종종, 듣고 본다. 이렇게 40년을 같이 살아가는 부부도 다 이상해진다.

코로나 팬데믹 이후, 국가 간의 교류도 막히다보니 여행기회도 급속히 줄어들었다. 특히, 국가 간 전염병 확산 방지를 위한 대책이 국가 간 마찰로 야기되며 국제사회 분위기도 예전 같지는 않다. 더욱이 코로나19의 진앙지가 아시아 중국 영토 우한이라고 알려지며, 초기에는 우한전염병이라고 일컬어지고, 코로나19팬데믹이 되면서 동서양간 인종갈등은 심화되고 있는 현실이다. 세계 인종이 섞여 사는 미국 안에서도 아시아 인종들과의 불협화음은 물론, 흑백간의 갈등도 더욱 악화되는 추세다.

IT시대와 더불어 세계가 하나의 생활권으로 시작된 지도 반세기가 지나가는 시대에도 지구촌 안에서 같이 살아가야 하는 사람들 모두 이상해지고 있다. 40억 년 전 태양계의 한 행성으로 생성된 지구에서 4,5백만 년 전 인류 조상으로 태어나 지구의 정복자가 되어, 오늘날과 같은 "제4시대" 문명을 이루며 살아가는 행운의 동물이야말로 신만이 아는 이상한 생명체임에는 틀림없다.

우리가 이상한 사람들이 아니었으면, 인류의 역사 속 문화, 문명들도 오늘 날처럼 이룰 수는 없었다. 돌연변이라는 진화 속에서 이제 21세기 호모사피엔스는, 인류 문명의 10년 앞도, 예측이 불가할 만큼 급변하는 새로운 미래를 맞이하고 있다.

이상한 인간들이 있기에 우리의 미래는 더욱 발전하고 삶도 풍부해지고 있다. 그래서 우리는 이상한 사람들을 더욱 사랑하며 함께 살아갈 이유와 가치를 생을 다 할 때까지 소중히 여겨야 한다. 오늘, 나와 같이 살아가는 이상한 사람들이 옆에 있기에, 오늘도 하루가 재미있고 행복해질 수 있다.

오늘도 이상한 사람들이 창조한 음악을 듣고, 영화를 보고 책과 그림도 보며 이상한 사람들과 옆에서 함께 하루를 즐겁게 보낸다. 이상해지는 나를 발견하는 시간도 행복한 나만의 시간이기도 하다.

이상해지는 내일을 준비하기 위해서도 자신이 현명하게 변해야, 이상하게 정 깊은 가족과 훌륭한 친구와 사귀고 싶은 세계 사람들과 공존할 수 있기 때문이다.

파란만장한 삶을 살다간 버나드 쇼의 묘비명 “I knew if I stayed around long enough, something like this would happen.” ‘우물쭈물하다가 언젠간 이 꼴이 날 줄 알았지’란 말 속에서 덧없는 인생의 무상함을 느껴본다.

4부

행복한 나라를 꿈꾸며

Me too에 대하여

요즘, '미투'라는 사회적 이슈가 사회 여러 곳에서 뜨거운 화제가 되고 있다. 이러한 현상은 비단 국내에 국한된 문제는 결코 아니다. 인간이라는 호모 사피엔스가 지구상에 탄생되고 사회 시스템이 형성되기 시작하면서 끊임없이 일어날 수 있는 사회상의 일부가 아닌가 싶다. 그 이유는 간단하다.

인간은 종교적인 의미를 떠나서, 인간 내면에 존재하는 오욕칠정이라는 생리적, 심리적 기본 감정을 갖고 있기 때문이다. 오욕에는 수면욕, 식욕, 색욕, 재물욕, 명예욕이 있는데, 사실 인간이면 필요한 기본 욕구임에는 틀림이 없는데도 불구하고 인간의 오욕으로 인한 수많은 사건들은 인간의 역사라고 해도 과언이 아니다. 희랍 신화에 나오는 모든 신들의 얘기도 결국은 인간의 오욕 칠정에서 비롯된 인간들의 모습을 대변하기 때문이다. 특히, 인간의 속성인 욕망과 감정을 표현하는 예술분야는 다른 사회분야보다는 더 민감하게 반응할 수도 있는 주변 여건이 조성된 점도 있다.

개인의 예술적 재능도 결코 혼자서는 발휘되지 못하고 인정받을 수 없는 경쟁구조 속에서, 갑을 관계는 존재하게 마련이고 공룡과 같은 조직의 힘은 개인의 인권도 무시되어 왔던 사례가 소위 관행이었던 것이다. 하지만, 인간의 속된 동물적 욕망과 감정들을 순화시키고 인간다운 휴머니즘을 표현해야할 문학, 연극, 영화, 음악 등 창작예술에서 활동하는 사람들 간에 비윤리적인 행동이 사회 문제가 된 것은 비단 예술분야만이 아닌 우리 사회 곳곳에서 숨겨져 온 현상이기도 하다.

일본정치에서 성과 관련된 사건이 발생하면, 한마디로 배꼽이하의 얘기는 금기시하고 문제될 것이 없다는 사회 통념이 있다.

우리도 오랫동안 여성의 인권과 성은 보호받지 못한 유교적 사회관념 속에서 남성중심사회로 살아온 것도 오늘의 미투나 위드유와 같은 사회현상을 촉발시킨 원인 중 하나 일 것이다.

그렇지만, 우리 사회 각 분야에서 대가로서의 역할과 능력으로 존경 받아온 '그들이 과연 지적 능력과 인격적인 결함이 부족해서 작금의 사회적 물의를 야기했을까?'에 대한 의문이 남는다.

전문분야에서 추앙받던 그들이 왜 이제 와서 제자, 후배 그리고 일반 시민들로부터 치욕을 감수해야 하는지 우리 모두 깊이 생각해 볼 과제이다.

권력과 금전의 욕망에 함몰된 우리들의 사고, 그리고 그러한 속성에 죄의식 없이 행동하는 사회적 관습들에 대한 잘못된 관용들, 사회적 약자에 대한 최소한의 도덕적 가치도 망가진 성윤리의식, 최소한 이러한 관행을 묵인하고 방조한 관련 문화행정기관에 대하여 우리 사회는 깊은 반성과 성찰이 있어야 할 것이다.

염려스러운 것은, 이러한 성과 관련된 문제는 늘 남성이 가해자며 여성이 피해자로 인한 피해의식이 남녀 갈등으로 사회가 분열되고 반목되지 않도록 열린 자세로 그동안의 잘못된 관행을 고쳐나가는 조금은 성숙된, 조용한 혁신이 이루어지길 바래본다.

정치와 문화는 결코 하루아침에 변하지 않기에 인내를 갖고 자신을 돌아보며 깨어있는 의식을 갖도록 각자 노력하는 사회구성원이 되어야 하겠다.

갑질에 대하여

요즘 기업체 조직에서나, 기업체 상호 관계 속에서 갑질이라고 하는 사건들로 사회적 문제가 되고 있다. 우리나라는 산업사회로 발전되기 전까지는 유교사상을 기반으로 한 신분사회 구조였다. 신분사회가 붕괴되기 시작한 것은 20세기 초부터라고 해도 과언이 아니고, 유교적 사상으로 내려오는 사회 계급적 관습도 일부 공존하고 있는 것도 현실이다. 하지만, 단기간에 이룩한 산업사회의 발전에 따른 자본주의에 기반 한 물질만능의 시대로 사회가 변화하는 과정에서 또다른 사회계층간의 갈등이 나타나고 있다. 개인은 물론 사회 공동체사이에서도, 경제적 주체의 목적에 따른 계약은 갑과 을이라는 형식으로 자본주의사회가 유지되도록 하는 사회적 협약으로 모든 사회공동체의 필수 요소다.

문제는 계약의 불공정성으로 인한 을이 감수해야하는 경제적인 불이익은 물론 심지어 사회 상식을 벗어난 갑의 비인격적 언행들로 야기되는 을의 피해다. 우리 사회가 자유자본주의로 급속히 발전하다보니 계약이라는 절차에 따른 책임과 의무에 미숙하고 역사도 짧다보니 많은 시행착오로 사회문제가 되는 것이 현실이다.

이러한 소위 갑질이라는 형태는 공공기관, 국회, 사법, 경찰, 기업, 교육, 예술, 서비스업종 분야 등 사회전반, 심지어 종교, 가족관계에서도 찾아볼 수 있다. 공정해야 할 사법, 행정기관의 블랙리스트, 개인적인 사회관계 속에서도 경제적 지위를 과시하는 친족, 부부간, 친구간의 갑질을 아마도 조금씩은 느껴본 경험들이 다수 있을 것이다.

사회구조가 다양화되고 경쟁이 높아지면서 점점 커지는 빈곤의 격차로 사회적 신분사회가 조장되고 구성원간의 갈등으로 사회 안정이 저해된다면 미래는 희망적일 수 없다.

최근에 언론에 언급된 몇 가지 갑질의 형태에 대한 비판은 비판으로 끝날 것이 아닌, 자신의 일상에서도 무의식으로 언제나 타인에게 행할 수 있는 사례가 없는지 자신부터 돌아보는 기회가 되어야 할 것이다.

갑질이 허용되는 사회일수록 부정과부패, 범죄가 더 만연하고 사회질서는 무너질 수밖에 없다. 아무리 돈과 지위가 세상을 지배하는 사회가 되었다고 해도, 우리가 사는 세계는 모든 개인 한 사람 한 사람을 비롯해 지구, 우주의 모든 생물체 존재가치의 실현으로 이루어져 살아간다는 의식을 갖고, 진정한 갑질은 인간 공동체를 위한 봉사와 희생, 배려 그리고 인간의 보편적 가치를 추구하는 노블리스 오블리제의 정신을 출발로 우리 사회가 밝아지기를 기대해 본다.

블라인드 채용에 대한 유감

사람을 평가한다는 것은 매우 조심스럽게 진행되어야 할 일이다. 사람이 한평생을 살면서 남으로부터 평가를 받게 되는 기회는 셀 수 없이 많을 것이고 매일 일어나는 인간사이기도 하다. 태어나면서 부터 부모가 보는 자식에 대한 인상부터 평가받기는 시작된다고 할 수 있지 않을까?

인간은 생각하는 존재이고 공생하면서 살아가는 사회적 동물이기에, 생존을 위한 타인과의 비교의식은 무의식속에서 생겨난 이기적 유전자의 진화와도 연결되어 있다고 볼수있다.

더욱이 농경사회, 산업사회, IT문명으로 발전하기까지 인류사는 치열한 인간들의 경쟁사라고 해도 과언이 아니다. 자신이 남보다 우월하다는 그 기준의 잣대는 결국 인간이 만들어낸 평가에서 부터 시작된다.

요즘, 정부 주도로 블라인드채용을 공공기관을 시작으로 민간 기업에 까지 시행하려는 정책에 대한 의견들이 많다. 젊은 세대의 낮은 취업률이 사회적문제가 되고 국가적 차원의 주요 아젠다가 되는 현실에서 취업의 기회를 최근까지 스펙위주의 심사를 지양하고 보다 다양한 구직자들에게 취업의 문을 보장해주려는 취지는 이해가 된다.

문제는 어떠한 기준과 방법으로 지원자를 평가하고 선택할 수 있을 것인가? 우선은 새로운 인력이 필요한 기관이나 업체에서 원하는 직종과 업무, 채용인원수에 따라 평가 기준이 정해질 것이다.

치열한 구직 경쟁 속에서 얼굴과 생년월일도 알 수 없는 인적정보와 면접만을 통해서 채용기관이 원하는 인재를 평가하는 것이 과연 합리적이라고 할 수 있는가? 취업은 한 개인의 인생에 직접적인 영향을 주는, 결혼만큼 중요한 문제이기에 고용주는 물론 구직자도 신중해야 하는 과제가 아닐 수 없다.

블라인드 채용은 채용절차상의 한 형태이지 근본적으로 일자리를 늘이는 효과는 없다.

단지, 소위 외견상 스펙으로 불리한 구직자들에게 구직의 기회를 더 줄 수 있다는 심리적 효과에 불과한 대책 중 하나라고 본다.

유능한 인재를 고루 채용하려는 것은 채용기관의 목표인데, 블라인드채용방법은 하나의 수단이고 과정이지 채용기관이 필요로 한 인재를 선별하려는 목표는 결코 아니다. 결국, 채용의 목적은 우수인재 발굴에 있다면 블라인드채용이 기존 방식과 무슨 차이와 효과가 있을지 묻지 않을 수 없다.

기업은 국제적 경쟁 속에서 살아남아야 하는 이익창출을 위한 조직이다. 공공기관은 인사 청탁과 같은 구태를 불식하는 자세부터 새롭게 하고 블라인드 채용과 같은 포퓰리즘적 정책이 아닌 공평하고 공정한 인사시스템을 장기적 안목으로 구축해주기를 바란다.

국가를 구성하는 사회계층은 하루아침에 형성되는 것이 아니라는 상식은 중남미 국가의 정치 변화에서도 실감 할 수 있다. 서민계층의 지도자가 국민의 뜨거운 지지 속에 탄생한 국가들이 국민의 인기도에 집착한 포퓰리즘적 정책들로 국가의 운명이 수없이 바뀌는 비극적 사례를 우리 정치지도자는 교훈으로 삼아야 할 것이다.

최저임금 결정에 대하여

얼마 전 한 모임에서 중소규모의 기업에 종사하는 임원의 불만스러운 임금구조에 대해 이야기를 들었는데, 요즘 노동시장에 큰 이슈로 떠오른 최저임금 시급 1만원에 대한 입장이었다. 영세상인이나 중소규모 사업자의 입장에서 시간제 노동자나 비정규직의 필요성은 누구보다 절실하게 요구되고 있고, 이들의 협력이 없으면 사업 자체는 물론 생계유지도 불가능한 것이 현실이다.

더 나아가 국내 굴지의 유통업체들, 공공기관들도 비정규직을 비롯, 시급 직원들 상당수를 고용하고 있다. 문제는 최저시급 1만원이 법정 임금으로 시행될 경우, 발생할 수 있는 고용, 노동시장의 파급효과는 만만치 않을 것이다. 당장 영세업체들의 경우, 시급 1만원의 노동 인력 고용으로는 수지악화로 사업의 지속이 불가능한 것이 현실이다. 더구나 4대보험 가입은 1인 이상 업체, 시간제의 경우도 60시간 이상 근무하는 경우 채용 조건이므로 사용자 부담은 가중되어있고 최저임금 시급 1만원이 시행될 경우 기존 정규직 급여보다 많아지는 역전 현상이 발생 할 수도 있다는 것이다.

이러한 여건에서 기존 업체들의 생존이 위협 받고 폐업이 예상되는 환경에서 새 정부는 일자리 창출에 모든 정책을 강구하고 있는 지금의 상황은 해결책이 쉽지 않아 보인다. 누가 창업과 기업의 투자 없이 고용증대가 가능하다고 주장할 수 있겠는가?

임금 문제는 자유주의 경제를 유지하는 한, 국민의 삶에 직접적인 영향을 미치는 사회적으로 매우 중요한 복합적인 이슈이기에 긴 안목으로 신중한 검토가 필요한 과제이다.

새 정부는 박근혜정부의 실정으로 촉발된 촛불집회가 탄핵의 판결로 탄생한, 어느 정도는 행운의 정치적 승리로 탄생한 정부라고 해도 과언이 아니다. 그런 점에서 촛불집회를 통한 국민의 정치적 의견들을 반영하는 국정과제가 인기에 영합하는 포퓰리즘으로 흘러갈 가능성은 충분히 있고 그런 조짐도 나타나고 있다.

근로자의 근로조건과 임금을 개선하는 복지 정책은 노동계와 경제 단체들과의 양보를 우선한 타협 없이는 시행이 불가능할 것이다.

최저임금의 결정은 최소한 업종, 직종, 근로조건, 직장 현실 등에 포함된 요소들을 좀 더 세분화해서 중장기적인 목표를 갖고 근로자와 사용주가 상생할 수 있는 선에서 결정되어야 할 것이다.

정책을 수립하고 법률이 만들어지는 과정이 좀 더 치밀하고 현실감 있는 토의로 다수가 만족하는 국정이 이루어져야 새정부에 대한 국민적 여망은 더 높아질 것이다.

새정부는 적폐 청산이라는 정치적 아젠더를 앞세워 국민적 호응에 부흥하기 위한 여러 가지 노력을 하고 있는 것에 긍정적인 여론들도 있지만, 새로운 각료 임명 국회청문회에서 보듯이 적폐는 하루아침에 이루어진 것도 아니고 아직도 우리 사회 구석구석에 누구도 예외 없이 뿌리 깊게 존재하고 있다는 실체를 인정하고 선진국가로 나아갈 수 있는 중요한 새정치의 변화에 초석이라도 만들어 주기를 희망해본다.

역사란 무엇인가

역사를 통해서 우리가 배울 수 있는 것은 교훈으로서 사례연구는 될지 모르지만, 요즘 읽은 책 중에서 얻은 것은 역사학자들이 과거를 연구하는 것은 그것을 반복하기 위해서가 아니라, 그것에서 해방되기 위해서고 역사공부는 우리에게 어떤 선택을 알려주지 않지만 적어도 더 많은 선택의 여지를 제공한다는 것이다.

역사에 존재하는 단 하나의 위대한 상수는 모든 것이 변한다는 사실이기에 변하지 않는 역사는 없고, 그 변화 속에서 수많은 갈등이 일어나게 마련이고 그 변화를 두려워하지 않아야 이념과 사고와 문화의 다양성이 보장되고 발전한다고 본다. 개인적으로 나는 문재인을 선택하지도 않았고 그렇다고 현 정권을 옹호하고 싶지도 않지만, 그동안 소위 보수라고 주장하는 정치인들의 행위와 이념이 과연 보수로서의 가치에 바탕을 두고 국가를 이끌어 왔는가에 대한 성찰이 있어야 된다고 생각할 뿐이다. 진실로 역사를 통해서 인류가 추구해 오고 인정하는 보편적 정의의 전통적 가치가 보수의 가치라고 볼 때 대한민국의 보수라고 주장하는 사람들이 과연 지켜오고 있는지 의심하지 않을 수 없다고 본다.

대한민국 정치사에 보수정당이 있었으며 그 가치를 구현한 정당이 현재도 있다고 말할 수 있는 국민이 얼마나 있을지? 광복 이후 무지와 생활고에 시달리는 국민을 기만하며 부정부패를 일삼고 그것을 빌미로 쿠데타로 군사정권이 오랫동안 민주주의를 후퇴시킨 나라에서 참다운 보수의 정치적, 사회적 계층이 형성되는 과정을 경험했다고 볼 수 있을까?

문민정부가 들어서고 민주화 바람이 서서히 정치, 사회 저변에 확대되면서, 정치인들이 자기들의 정치적 기반을 구축하기 위해서 보수니 진보니 국민을 편 가르는 이념적 투쟁을 넘어 좌파, 우파 심지어 꼴통보수, 좌빨까지 난무하는 사회분위기로 민주주의를 논할 수는 없을 것이다. 그러기에 친구들과도 정치 얘기 하는 것이 금기시되고 있지만, 금기시 하는 그 자체가 소통을 통한 민주 발전의 기회마저도 나눌 수 없는 것이 안타깝기도 하다. 남의 의견에 관대하지 않으면 어떠한 인간관계도 깊어 질 수 없고, SNS가 대중화 된 시대의 흐름과 함께 삶의 다양성을 경험하는 기회도 줄어들 것이라 본다.

19대 대통령

19대 대통령 문재인의 새 정부가 시작된 지 채 보름밖에 안되었지만, 그동안 정치 분야에서 변화되어가는 현상들을 보면서, 국가를 이끌어가는 리더의 생각과 행동이 우리가 사는 세상에 어떠한 변화를 주는지 실감하고 있는 요즘이다.

물론, 구정치의 틀을 깨는 적폐청산과 혁신의 슬로건 하나만으로도 정치적 파급효과와 신선함은 충격 자체이기도 하다. 그러한 변화의 방향이 옳든 그르든, 현 시국에서 느끼는 시민들의 반응은 대체적으로 놀라움이 섞인 긍정과 희망이 아닌가한다.

특히 박근혜 전 대통령의 탄핵과정에서 드러난 구시대의 옳지 못한 정치적 관행들과 상대적으로 대조되면서 문재인 대통령의 행보가 더 새로워 보이는 현상도 있는 것은 분명하다.

또한 5.18광주민주화운동 기념행사와 때를 같이 해서 노무현 정부를 같이 탄생시킨 문재인으로서 노 대통령의 서거 8주기행사에서 표현한 노 전 대통령과의 약속도 구 정치행사들과는 다른 형식의 차별성이 돋보이는 효과도 있었다.

오늘날 문재인 정부가 시작되면서 국민들이 느끼는 일반적인 정치혁신에 대해 호감의 기본 중심에는 그동안 정치 문화에서 느껴보지 못한 휴머니즘, 인본주의, 인간 중심의 정치, 사회변화를 보고 싶었던 열망이라고 본다. 그것은 변화하지 않는, 닫혀있는 기존 세력들에 의한 그들만의 정치 구태로 인한 답답함과 불협화음으로 부터의 엑소더스이기도 하다.

또한 우리들이 오랫동안 듣고, 말하고 싶었던 인문학적 가치의 언어들이 조금씩 사회 곳곳에서 터져 나오고 있다는 것이다. 정의, 공평한 기회, 신뢰회복, 민주화된 소통, 관용과 용기, 신뢰와 존경의 리더십, 자연주의 등 최근까지 우리 정치가 박정희시대의 좋지 못했던 구정치의 악습이 어른거렸던 것을 이제라도 일소하고 새로운 정치문화의 탄생을 바라는 국민의식이 중세 야만의 시대를 청산한 15세기 인본주의 르네상스탄생의 기원으로 데자뷰되는 것은 과대망상일까?

노무현의 인간중시의 정치 철학이 문재인의 정부에서 새롭게 빛을 볼 수 있는 정치의 르네상스시대가 되는 희망이, 꿈으로 끝나지 않도록 문 대통령은 지금의 초심을 잊지 말고 국민만을 보고 정책들을 펼쳐나가기를 바란다.

이제는 보수와 진보의 이념 정치를 뛰어넘는 새로운 정치패러다임의 탄생이 요구되는 절대절호의 기회이다. 국민을 위한 정치를 진정으로 바라는 보수와 진보의 정치가가 되기를 원한다면, 이번기회에 이념을 떠나 국민이 원하는 정치가 무엇인지부터 성찰해보기를 진심으로 부탁한다. 이념으로 국민을 편 가르지 말고 우리 국민이 바라는 최소한의 정치와 삶이 무엇인지를 피부로 인식하고 국민의 모범이 되는 행동부터 보여주길 간구한다.

서로 다름을 인정하고 변화에 대한 두려움에서 벗어나 인간애를 위한 더 나은 미래를 향해서 국가의 기운을 모을 수 있는 정치가 되기를 역사적 사건이 벌어지고 있는 대한민국 한가운데서 장미가 더 아름다워 보이는 2017년 5월에 기원해본다.

2017년 5월 10일

오늘 2017년 5월 10일을 시작으로 새로운 19대 문재인 대통령의 시대가 시작된다. 그는 당선 후 첫 일성이 혁신과 통합이라는 정치 아젠다를 강조했다. 조금은 진부해보이기까지 한 정치 목표 같기도 하다. 새로운 정권이 시작될 때마다 많이도 들어본 주제이기도 하기 때문이다. 그만큼 우리 국민이 바라고 지향하고픈 현실적 정치 과제이면서 실제로 오랫동안 해결해오지 못한 정치적 이슈이기도 하다.

선거기간 동안 문 후보는 적폐청산이라는 공약을 강조했는데 혁신이라는 주제하고도 일맥상통하는 목표이기도 하다.

혁신! innovation, 개혁이라는 의미이기도 한 혁신은 관습적 지혜에 대한 도전이기 때문에 그만큼 기존 세력과의 마찰과 저항에 부딛치게 마련이다. 혁신 내용에 대한 정치적, 철학적 신념과 의지 없이는 성공하기가 어렵다.

그럼에도 불구하고 국민 다수가 원하는 목적이나 방향이 일치한다면, 그에 따른 절차나 제도도 설계할 수 있는 것이다. 중요한 것은 시대정신에 부합하는 혁신의 내용을 엄선해서 국민 다수의 합의를 통한 과감하고 절제된 정치력에 달려 있을 것이다. 개혁의 양적인 목표보다는 나라다운 나라가 되기 위한 가치의 질을 향상시키는 방향으로 혁신이 추진되어야 할 것이다.

다음으로 문재인 대통령은 국민통합을 강조했다.

지난 탄핵 정국을 통해서 국민들이 박근혜 정부의 정치에 가장 아쉬워했던 잘못 중 하나가 소통이었다.

소통의 부재로 인한 정치적 폐단은 결국 통합을 이룰 수는 없는 것이다. 역사에는 의견의 차이를 감추는 침묵은 기록되지 않기에, 침묵을 강요하지 않는 원활한 의사소통의 시스템이 살아 움직이도록 귀를 여는 자세부터 소통을 시작해야 할 것이다. 갑작스럽게 인수 절차도 없이 출발한 문재인 정부는 안보, 정치, 경제, 사회 문제를 비롯해 산적해 있는 수많은 긴급하고도 중요한 국정과제를 국민의 단합된 의견수렴을 통해서 슬기롭게 해결해야 하는 책임이 막중한 시점에 직면해 있다.

나와 우리, 우리와 그들의 벽을 넘어 나만의 렌즈가 아닌 다양한 렌즈를 통한 합리적 사고와 기술만이 다수 야당과의 정치적 합치가 가능할 것이다. 권력은 그 자체가 다수에게 지도력을 과시 하고픈 속성을 갖고 있다. 잘못 주워진 권력에 의한 국가적 폐단을 우리는 수없이 경험해왔다.

21세기에 다가오는 새로운 문명의 패러다임은 우리의 생존과 미래를 빠른 속도로 압박해오고 있으므로, 이를 극복하기 위한 통합된 국정 운영의 부재는 국제사회의 낙오자로 전락한다는 위기의식을 절감하고 정의로운 리더십으로 대통령으로서의 책임과 의무를 보여주기 바란다.

광화문의 촛불은 새정치로 가는 길을 열었고, 촛불에 새겨진 국민들의 여망은 19대 문 대통령의 임기가 다하는 그날까지 꺼지지 않고 지켜볼 것이다.

박근혜 탄핵

이번 박근혜 탄핵과 수사과정에서 박근혜를 도와주는 변호인단이나 법률자문단들의 대응방식이나 행동, 그리고 주변사람들을 보면서 대통령의 사리판단과 사람을 보는 안목에 착잡한 마음을 금할 수가 없다. 헌재 심판에서도 박 변호인단의 말과 행동은 과연 법의 논리나 상식이 있는 변호를 통해서 피의자를 진정으로 도와주려고 한 변론인지 의아해하지 않을 수 없다.

막말과 법정을 무시하는 선동적인 행동, 시위대열 앞장에서 헌재 법관들에 대한 모욕적인 발언 등, 그들이 과연 국민들로 부터 조금이라도 존경받을 수 있는 식견의 소유자인지 의심스러울 뿐이다.

아무리 재판에서 법의 논리가 우선한다 해도 인류가 오랫동안 역사를 발전시키며 믿고 지향하는 보편타당한 상식과 정의라는 인류의 중요한 기본가치라는 게 있다. 이러한 가치는 법에 앞서는 인간의 양식문제인데 이를 무시하는 변론으로는 법정투쟁에서 승자가 될 수는 없는 것이다. 그러한 변론방식으로는 이미 판결은 끝난 것이었다.

또한 박근혜를 지지하는 당원들과 단체들의 시위 행태도 다수 국민의 지지를 받기에는 부족한 점이 많았다는 것이다. 우선 대단위

시위에 따른 경비의 출처부터 의심을 받고 있고, 시위를 리드하는 인물들의 언동은 국민들로부터 신뢰를 받지 못하는 양상으로 치닫다보니 순수한 심정에서 시위에 참여했던 지지자들까지 외면 받는 사례도 약점이 아닐 수 없었다. 시민사회에서 각개인의 의사표시는 발전된 의사소통의 채널들로 무한히 열려있지만, 그에 따른 책임의식도 무한히 감당한다는 민주사회 질서의 윤리의식도 잊지 말아야 할 것이다.

오늘의 박근혜 탄핵이 정치사의 또 다른 한 획을 긁는 시점을 보면서, 다시는 대통령이 연루된 비리사건만은 다시는 우리 정치사에 없기를 바래본다. 이제는 경제도 중요하지만, 정치가 변하지 않고서는 절대로 선진국으로 갈 수 없음을 이번기회에 국민 모두가 깨닫고 새로운 시대로 가는 이정표가 되어야 할 것이다.

세계열강들은 제4혁명을 선도하기 위해 모든 국가역량을 집중하면서 나아가고 있는 작금에 우리는 정경유착의 뇌물고리를 끊지 못하고 국가 주도 기업회장들이 청문회에 불려가 곤혹을 치루는 뉴스를 보고 있어야 하는 현실에 안타까움을 금할 수 없다.

왜 우리는 정권이 바뀔 때마다 대통령과 관련된 이러한 부정부패로 인한 사회적 혼란과 손실이 반복되는지 냉정히 분석하고 새로운 정치, 사회적 시스템을 구축하는 계기가 이번이 마지막이라는 자세로 노력해야 할 것이다.

한나라의 지도자 대통령이라는 자질과 능력, 도덕적, 윤리적 책임의식이 나라의 발전에 얼마나 중요한 것이지는, 새삼 강조해도 지나치지 않은 것이다. 우리는 머지않아 새로운 대통령을 선출해야 할 것이다. 급변하는 세계 경제 질서 속에서 다음 대통령이 갖추고 있어야 최소한의 덕목과 리더십은 어떠해야 될지 철저한 검증을 통해서 다시는 후회 없는 선거결과를 만들어야 할 것이다.

또한 지금의 대통령 권력구조에 대한 논의도 비록 시간이 걸리더라도 차분하게 검토되는 기회를 가져야 할 것이다.

대통령 본인은 물론, 주변 인사들의 인격과 자질이 국가를 이끌어 가는데 얼마나 중요한 요소가 되는지 실감하는 사건이 아닐 수 없다. 국민은 차기 대통령후보는 물론, 주변 인사들에 대한 보다 광범위하고 철저한 검증을 통해 다시는 박근혜 전 대통령 같은 사태가 일어나지 않기를 기원한다.

박근혜 전 대통령 탄핵 원인

박근혜 전 대통령이 탄핵된 주요 원인을 나 나름대로 분석해보고자 한다.

첫째, 대통령으로서의 정치적 리더십의 무능이다. 지도자는 '국가의 위기가 발생할 때, 그 위기를 어떻게 슬기롭게 극복하고 대처하느냐?'에 따라, 지도자의 자질이 평가되고 그에 따른 신뢰로 구성원의 지지를 얻음으로써, 성공한 정치를 이룰 수 있는 것이다. 이명박 정권 시에는, 수입쇠고기 광우병 문제제기로 국정이 마비되다시피 하는 상황을 현명하게 대처하지 못함으로 리더십에 악영향을 준 사례가 있었다. 지난 세월호 참사 때도 담당부처와 좀 더 신속하고 정확한 정보소통을 기반으로 위기를 대처하는 모습을 보임으로써 희생을 최소화 했다는 국민적 공감대가 있었다면, 오늘과 같은 불행한 사태까지는 오지 않을 수도 있었다. 위기 극복의 실패는 결국 지도자의 신뢰와 리더십이 손상됨으로 국정 운영이 순탄치 못하게 되는 것이다.

둘째, 집권여당 내부의 결집 실패로 지도자의 통솔력을 상실하는 희극적이고 비극적인 사태가 발생했다. 친박, 비박이라는 그룹을 조장하고 방치하는 리더십으로 어떻게 국가를 통치할 수 있는지 의심하지 않을 수 없다. 대통령은 소속당의 당원의 자격을 넘어서, 국민을 리드하고 나라를 대표하며 국민을 통합하고 보호 할 막중한 책임이 있는 것이다. 소통과 협조를 기반으로 국정의 파트너가 되어야 하는 집권당이 분열과 모함으로 국민을 기만하는 정치 형태는 실패 할 수밖에 없는 권력구조를 가지고 있었다.

셋째, 보수와 진보의 이념의 틀을 극복하지 못한 것이 박근혜 정부의 실패 원인 중 하나다. 더욱이 아버지 박정희 대통령시대의 정치 이념과 주변인물의 영향을 받다보니 현 시대적 사회가치를 간과한 것이 화근이 되었다고 할 수 있다.

정당은 보수와 진보의 이념 색채를 기반으로 지지자들, 당원구성원을 결집시킴으로써 당을 유지하고 집권의 기회를 모색하는 것이 책임이고 임무이다. 하지만, 국가를 운영하는 지도자나 정부기관은 보수 진보라는 이념에 천착하다보면 당원이 아닌 다수의 국민을 분열시키는 역효과가 발생할 수 있다. 이로 인한 이념 투쟁으로 정치는 혼란스럽게 되고 다수 국민은 불안해질 수밖에 없다. 국가의 지도자는 보수 진보를 넘나드는 유연하고 합리적인 정책으로 국민의 삶을 향상 시키는 책임이 있는 것이다. 극단적인 이분법적 이념의 정치는 사회를 불안하게 하는 갈등으로 과격한 시위를 유발하는 암적 요소가 되기도 한다.

이제까지 10여 년 간 보수라고 자칭해온 한나라당, 새누리당, 자유한국당의 정치성과가 과연 성공적이라고 말할 수 있는지는 이명박, 박근혜 정부의 현실이 말해주리라 믿는다. 인류 역사에 하나의 이념으로 성공한 국가가 있었는지를 보면, 이념은 그 자체가 투쟁의 역사가 될는지는 모르지만, 다수를 행복으로 이끄는 해결책은 아닌가 싶다.

사실, 오늘의 대통령 탄핵은 우리 모든 국민에게 불행이 아닐 수 없고, 다시는 이러한 국민이 분열되는 정치사태가 지속되지 않기 위해서라도, 정치가는 물론 국민들도 서로 반목하고 편 가르는 행동은 자제해야 할 것이다. 이번의 정치 격동의 위기가 우리 국가의 장래에 희망적인 계기로 발전하는 디딤돌의 역사가 되기를 간구한다.

주말 밤거리 시위행렬

주말 밤거리의 시위행렬을 바라보면서 우리 대한민국이 직면한 정치적 사회적 현상은 무엇이고, 지향하여야 할 시대적 가치가 무엇인지 한번은 생각하게 된다. 사실 국민이 체감하는 오늘날의 난국은 경제적인 이슈들이 더 많은데도 불구하고, 정치적인 문제들로 더 많은 어려움을 겪고 있다. 물론, 대통령 탄핵이라는 돌발적인 정치적 문제로 갑자기 대선이 이슈화됨으로써 사회가 더 요동치게 된 원을 제공하게 된 것은 분명하다.

이제 정치의 혁신 없이는 사회도 경제도 한 발자국도 발전할 수 없고, 국가 지도자의 자격은 국가 경영에 얼마나 중요한가를 이번 정치 사태를 통해서 국민이 더 실감하게 되었을 것이다.

그동안 우리의 정치는 겉모습만 변화해왔지, 내용적으로는 해방 이후 달라진 것은 거의 없었다. 산업화사회를 통한 경제적 발전은 어느 정도 변화가 있기는 했지만, 민주화과정을 통한 정치민주화는 국민이 바라는 수준만큼 발전했다고 할 수는 없을 것이다.

정당정치는 당명과 인적구성의 변화만 있었을 뿐, 자유민주주의 격에 맞는 대의정치의 역할을 제대로 실행했다면, 오늘날 이 같은 이분법적 이념과 국민을 무시한 패거리 정치는 없었을 것이다. 국가의 미래지향적인 비전 제시보다는, 당과 자신의 입지만을 위한 이합집산의 이해득실에만 전념하다보니 국민을 위한 정치는 찾아볼 수가 없었다.

첫째, 이념 논리로 국민을 분열시키는 정치인이나 정당은 이제 배척해야 하겠다. 보수, 진보가 과연 우리정치사에 정당으로서 존재해 왔는가? 정부수립 이후 보수다운 보수당이 있었는가? 자유 경제를 옹호하고, 반공이고 기득권세력이면 보수고, 사회주의적이고 복지를 내세우며 기존세력에 반대하면 진보라는 어설픈 논리로 자신들의 정치적 입지를 지켜온 정치는 이제 끝내야 할 것이다.

둘째, 국민이 바라는 정치개혁이 무엇인지 사회 통합이 무엇인지 좀 더 솔직히 자신의 정치 철학을 말할 수 있는 정치인의 정치토양을 만들어가야 할 것이다. 자신의 당선만을 위해서 국가의 미래는 생각지 않고 포퓰리즘에 기댄 정치구호는 없어져야 하겠다. 단기적이고 지엽적이고 소수를 위한 공약이 마치 민주주의의 명분으로 둔갑하는 정치문화는 사라져야 한다.

셋째, 정경유착의 고리를 끊는 사회 정의가 이루어져야 하겠다. 이제까지 정권말기는 대부분 재벌이나 기업들이 정치인들과의 비리로 국민으로부터 외면당하는 비극으로 정치를 퇴보시키는 결과를 초래했다. 정치는 합당하고 정당한 기금으로 국민을 위한 정치를 하고 기업은 주주와 종업원을 위한 본연의 기업가 정신으로 국가경제에 헌신하는 모습을 되찾는 마지막 기회가 되기를 바란다. 공직자의 비리를 제대로 청산하지 못하는 사회는 결코 정치가 발전할 수 없다는 신념을 겸비한 지도자의 선택이 절실히 요구되는 시점이다.

넷째, 거리시위도 좀 더 성숙한 시위 ₩문화로 발전하는 계기를 만들어가야 할 것이다. 시민과 경찰이 전투를 방불케 하는 시위 형태가 과연 성숙한 민주주의와 광장문화로 발전 할 수 있을까? 공공질서 기반 마저 무너트리는 과격한 시위는 국가의 안위와 국민의 안전까지도 저해할 수 있으므로 질서 있고 법의 허용 안에서 시위문화가 정착되도록 시민의식을 회복하는 시점이 되길 바란다.

마지막으로, 우리사회와 경제가 좀 더 앞으로 나아가려면, 빈부격차로 인한 사회적 갈등을 해소할 수 있는 방안에 새정부는 많은 노력을 기울여 주기를 바란다. 이 문제를 시급히 해결하지 못하면, 국민의 안녕은 물론 국가 발전에도 막대한 지장을 초래 할 수 있는 핵심 과제이기도 하다. 노동, 교육, 육아, 인구, 복지 문제 등이 모두 이 과제와 연결 되어 있다고 해도 과언이 아니다.

우리 대한민국은 아직도 20세기 이후 남북이 이념으로 대치하고 강대국들의 위협이 상존하는 지구상에 유일한 분단국가다. 외교적으로도 어려운 지정학적 리스크를 직면하고 있는 시점임을 직시하고 우리 내부적으로 단합하고 화합해야만 하는 중차대한 역사적시점이라는 현실을 우리 모두 각성해서 현 난국을 슬기롭게 해결하기를 염원해본다.

보수의 가치에 대하여

우리나라 정치적 역사를 살펴볼 때 보수의 가치는 그동안 많이 왜곡되고 잘못된 선례를 남긴 점도 많이 있다는 생각을 해본다. 과연 대한민국 보수의 뿌리는 무엇이고, 보수의 역사가 어떻게 형성되었고 어떤 과정을 통해서 지금까지 맥을 제대로 이어오는가에 대하여 정의할 수 있을지 회의가 드는 것도 사실이다.

특히 정치사적으로도 대한민국의 정부수립의 시기조차도 정립이 안 되었고 어느 시기부터 보수와 진보라고 할 수 있는 개념의 정당과 계층이 형성 되었다고 말할 수 있을까?

서양처럼 정당의 이념이 우파와 좌파 보수와 진보의 정치이념의 역사가 깊은 나라들에서는 전통적으로 식별이 가능하지만, 우리나라처럼 민주주의 역사도 일천하고 정당의 성립과 해체, 연합은 물론 오랜 군사 정권의 시절에 올바른 보수 진보의 태생은 힘들었을 것이다.

사실 보수나 진보라고 하는 이념을 굳이 사회 현상에 이분법적으로 각인 시키는 것도 정치인들의 당리당략이지 과연 국민들의 경제적인 생활에 무슨 실질적의미가 있을까? 국민의 복지를 강조하고 대기업 보다는 소상공인의 이익을 강조하면 진보이고 그 반대이면 보수라는 구별을 강조한다.

그래야 자기의 정치적입지가 서고 표가 나오기 때문 아닐까. 우리 국민이 살아가는데 절실히 요구되는 것은 보수와 진보의 의미를 찾기보다는 많은 사람들이 정치적으로 경제적으로 법적으로 평등한 기회와 대우를 받는 사회 시스템의 작동을 원하는 것 아닐까? 그리고 그러한 시스템이 정당하게 작동하기 위해서는 누구보다도 상부 권력층과 경제적 기득권층들, 나아가서는 지식인들의 사고의 변화가 절실한 것이 현재 우리나라의 숙제이기도 하다. 이번 최순실 사건이 이렇게까지 국가의 기강을 흔드는 상황까지 온 근본적인 이유는 분명히 있다.

그동안 우리 주변에 오랫동안 묵인하고 내려온 사회악들의 폭발이다. 정치, 경제, 행정, 사법 문화 심지어 학문의 상징인 교육기관 대학까지 곪아 터지지 않은 사회조직이 있나?

이 사건은 단지 대통령을 비롯해 주변 정리하고 몇 사람 처벌하는 것으로 끝나고서는 나라의 희망이 없다. 세월호의 참사 이후 우리사회가 변한 것이 많이 있는가? 세월호의 침몰은 이미 이 나라가 이런 일들이 벌어질 수 있다는 신호였다고 본다.

지금의 정치는 정말로 변해야 한다. 집권당이 대통령 주위에서 친박이니 비박이 공개적으로 정쟁을 일삼는 국회가 있나? 대통령은 국민의 대통령하라고 선출됐으면, 국민을 위해서 헌신하고 정치를 해야 국민 대통령이지, 파벌이나 조성하고 비박 친박 편가르는 당원은 꾸짖어도 모자란 판에 방관 내지는 자기편에 기대는 자세가 대통령인가? 지금에 와서 대통령의 자질까지 논하고 싶지는 않지만,

집권초기부터 정치에 노쇠한 비서실장과 주변 인사들을 보고 많은 실망감을 버릴 수 없었지만, 그 당시부터 이미 정치는 희망이 안 보였다. '니가 남이가?'라고 하는 인물이 있는 한, 공정 공평한 시스템과 청렴하고 신선한 인물들이 같이할 수는 없는 구조에서 창조경제와 혁신은 가능한 것일까?

조직의 크기와 관계없이 의견 소통이 안 되는 조직은 죽은 조직이다. 밤낮으로 치열한 토론으로도 풀기 어려운 국가 난제들이 수없이 많은데 장관하고 대면보고도 없는 청와대는 기능을 상실 한지 오래다. 민주주의라는 헌법 개념 아래서 복잡한 정치공학적 이슈들을 열린 마음으로 풀어나가는 과정이 정치의 미학이 아닌가? 국민을 속이는, 이해 안가는 용어와 레토릭으로 국정을 농단하는 지도자는 오래가지 못한다. 편한 언어와 듣기 쉬운 설득력으로 국민의 마음에 진심어린 행동과 결단력을 보여주는 대통령은 없을까? 어리석음은 비교적 피해가 적지만, 지성적 어리석음은 고도로 위험하다는 말이 실감나는 작금의 정치 현실이다.

박 대통령을 하야시키느냐, 탄핵이냐, 질서 있는 퇴진이냐 여러 가지 수습책이 나오고 있는데, 현 박사가 주장하는 방법도 한 가지 방안이 될 수 있겠지. 하지만 문제는 현재의 민심과 정치적 상황이 박 대통령의 임기를 무난히 끝낼 수 있도록 국민들이 인내하고 노력할 수 있는가가 핵심이라고 본다.

안타까운 것은 정치의 속성상 한번 권력의 누수 현상이 무너지면 걷잡을 수 없고 회복이 어렵다는 것이다. 참으로 국내외적으로 여러 가지 상황들이 어렵게 전개되는 시기에 어처구니없는 이러한 불행한 역사적 사건이 터져 나온 오늘, 대한민국의 내일을 위해서도 모든 지성과 지혜들이 단합하여 최선책을 찾아내야 할 것이다.

앞으로 지금의 사태를 수습하기 위한 정치적 일정들이 진행되는 과도기적 시기에 우리는 어느 지도자가 국민을 위하고 국가의 장래를 맡길 수 있는 지를 가늠할 중요한 시점이 될 것이다.

사피엔스라는 인류가 탄생한 이후 생명의 우주와 인간의 역사가 인정하고 추구하는 인간의 보편적 가치, 정의가 조금이라도 작동하는 우리 국가가 새롭게 발전하기를 희망하는 2016년 11월의 아침이다.

시론(時論)

참으로 한심하고 서글프기까지 한 권력을 둘러싼 일련의 정치 퇴행들이 자고나면 유행처럼 신문지면과 방송들로 쏟아져 나온다. 정치라는 것이 누구를 위한 것이고 왜 필요한지조차 의심이 드는 오늘의 나라 현실이 안타깝고 한심할 뿐이다. 입만 벌리면 '친애하는 국민'이고 '존경하는 국민'이라고 소리 높이던 깔끔한 양복에 대한민국 국기 배지를 단 고위 권력자들과 의원 배지 달고 카메라 플래시 세례를 받으며 저잣거리를 누비던 의원들은 그저 박근혜 하야나 외치며 할 일을 다 한 것처럼 구호외치는 그들은 과연 존경 받을 만한 인사들인가?

당신들도 권력의 뒤편에서 온갖 당리당략과 사욕의 검은손으로 오늘의 정치불신과 사회악들이 판을 치는데 협조한 동지자들은 아닌지? 그대들만이 믿는 잘못된 정치 철학과 전통 속에서 오늘의 참옥한 역사적 정치사건이 발생하게 된 근원은 아닌지, 국가를 생각하는 충정으로 반성하는 계기가 되었으면 한다. 자본주의 경제구조에서 정경유착의 사슬은 끊임없이 사회정의를 위협하고 있는데, 이에 대한 보다 합리적이고 상식적인 정치시스템은 없는지? 민주주의라는 정치구조는 인류 역사 이후 수없이 시행착오를 겪으면서 발전해왔는데도 불구하고 여전히 세계 곳곳에서 문제가 되어오고 있는 점을 감안할 때, 정치시스템이라기보다는 정치를 만들어가는 정치인들을 비롯한 국민들의 의식수준에 민주주의의 성패가 달려 있다는 평범한 진리가 새삼 실감되는 요즘이다.

하지만 민주주의는 대의정치라는 틀 안에서 성립될 수밖에 없는 것이 현실이다 보니, 국가를 이끌어가는 집단은 결국 소수 엘리트 정치인들이고 위임된 권력도 이들로부터 시작되기에 정치인의 선출은 그만큼 중요하다는 것을 우리는 다시 깨달아야 하고, 그만큼 정치인들의 비리와 부패는 국민이 심판해야 할 책임 또한 막중한 것이다. 국민이 부여한 권력을 마치 자신들이 만든 전유물인양 사사로이 권력을 행사하는 것을 넘어 자기들이 나누어 갖는 정치인이 있는 한 우리 정치는 발전하기 힘들 것이다.

권력과 우리 인생이 무상하다고 회자되는 것은, 모두가 유한한 생물의 속성을 가지고 있다는 인문학적 가치관만이라도 깨닫고 있는 위정자가 우리 주변에 없는 것인지 안타까울 뿐이다. 이번 정치참사에 권력이 무엇인지도 모르고 그대들이 만들어오고 외치던 법질서 안에서 매일매일 하루 살기 위해서 땀 흘리는 개·돼지들은 분노와 실망과 허탈함을 거리에 나서 그대들처럼 외쳐볼 테니, 그대들은 이 대한민국이 앞으로 어떻게 나아가야할 지를 진심으로 고민하고 그 해결책을 국민 앞에 제대로 제시해주길 바란다.

우리가 지향해야 할 국가 미래에 대한 비전과 그동안 가장 문제가 되는 삼류 정치는 어떻게 혁신해야 선진국으로 나아갈 수 있는

지, 어떻게 하면 국민 대다수가 호응하고 지지 받을 수 있는 정치는 무엇인지, 지혜를 보여 주길 마지막이라는 심정으로 소망해본다.

한편으로, 오늘날까지 현재와 같은 경제적 성장으로 나라의 전반적인 정치 사회 문화적 발전은 그 나름대로 있어왔다는 긍정적인 측면에서 본다면, 앞으로 전개 될 새로운 변화의 기회와 도전도 과거의 정치적 경제적 압축 성장을 거울삼아 충분히 극복할 수 있는 긍정적 국민적 역량을 기대해본다.

- 2016년 11월 '박근혜 정권타도' 시위를 보며.

국가적 문제

요즘에 우리 주변에서 일어나는 여러 가지 대한민국의 사회현상들을 보고 듣고 있으면, 이러한 국가적 문제들의 원인이 어디에서부터 야기되고 해결점은 어떻게 찾아야 될지를 생각할 때, 조금은 화가 나기도 하고, 우울해지기도 한다.

특히 국가권력기관들이 자행하는 불법과 탈법과 무법적인 사례들은 서민들의 초라한 상식으로도 이해를 벗어난 사회악이 아닐 수 없다. 법이 법에 맞게 잘 집행하라고 맡긴 수문장격인 검사장이 돈으로는 출세한 기업인의 약점을 이용해 법원이라는 온상에서 온갖 변태영업을 해도, 모든 불법이 곪아 터지고서야 겨우 그 실상의 일부가 노출되는 지금의 국가기관들의 시스템은 저개발국가들과 다를 것이 무엇인가.

대통령 체제 하에서 국가 권력의 최상인 핵심 참모가 불법을 행하고도 버젓이 자리에서 열심히 일하고 있는 성실성은 칭찬해야 할지? 자고로 내가 바르고 도덕적이라고 말할 수 있다면, 먹고 사는데 정신 나간 개돼지 같은 백성의 원성에 과감히 맞서서 설득하는 리더십은 어디에 있는가? 여당은 국가 중요사항까지도 친박이니 비박이니 서로 갈라져 이전투구를 하는데도 즐기는 듯 바라만보는 리더십이 과연 국민을 위한 리더며, 집권당의 자세인가?

단지 6,70년대의 순진한 백성의 정서에 호소하는 국정 능력으로 현 난제들을 대충 넘어갈 수 있다고 여기는 것 같아 안타까울 뿐이다. 우리가 지금까지 달성한 경제 발전의 속도만큼이나 국민들이 바라는 국가지도자의 통찰력과 열린 의사소통의 정치는 언제나 기대할 수 있는 것인지. 현재와 같은 우리사회의 부도덕성으로는 헬조선보다 더 심한 자학도 가능하다고 본다.

젊은이들에게 현실적이고 구체적인 정책으로 희망을 주지 못하면서 올림픽에서 이룬 성과가 과연 할 수 있다는 정신만으로 가능했다고 보는가? 선수들에게는 구체적인 성과에 대한 보상과 명예 등이 있었기에 그들은 피나는 노력으로 4년의 기다림을 이겨낼 수 있었다는 사실도 숨기지 말자.

사회를 이끌어가는 리더는 윤리적 진실성과 정의에 대한 신념, 그리고 자기가 맡은 조직에 대한 깊은 지식과 수행 능력으로 대중으로 부터의 존경심을 인정받는 사회구조가 최소한 되어야, 선진국으로의 입문 자격이 아닐까?

민심이 어떤지 알아볼 것처럼 수염이나 기르고 개돼지가 생활하는 뒷골목을 어슬렁거리는 현명한 정치인들이 화면을 장식하는 것이 정치활동이 아니길 간절히 바래본다.

2017년 정유년 회고

2017년 정유년의 한 해가 저물어간다. 사건, 사고로 얼룩지지 않은 해가 없듯이 올해도 수많은 진리와 비리, 진실과 거짓의 소용돌이 속에서 2017년 지구촌의 역사가 가고 있다.

촛불집회로 시작한 탄핵, 문정부 출범, 북핵을 둘러싼 주변국가간의 외교전에도 다가오는 전쟁의 위협, 최악의 지진, 그리고 수많은 희생으로 남겨진 사건, 사고…….

한 해를 보내면서 늘 동감하는 다사다난한 한 해는 변함이 없다. 국내정치나 경제, 사회 그리고 글로벌 이슈에서 공통적으로 최근에 더 감지되는 역사의 흐름은 더 조직화되고 폭력적으로 변해가는 집단적 이기주의의 팽창이다.

국내정치사에 새로운 역사로 기록되는 문재인 정부의 탄생은, 오랫동안 소수 집단들에 의해 막혀 있었던 민심의 소리가 촛불집회라는 시민들의 자유행동을 통해서 탄핵이라는 극단적인 정치혁명의 승리에 따른 결과물일 뿐이다.

그 과정에서 촛불과 태극기를 앞세운 정치세력간의 투쟁으로 우리 사회는 많은 상처를 입었고 지금도 진행되는 슬픈 현실이다. 세력 간의 이념의 이해가 극복되기는 싶지 않아 보인다.

그러한 이해 다툼 안에는 집단적 이기주의가 서로 충돌하기 때문이다. 사상적 이념에 기반한 권력조직을 배경으로 자기들의 세상만이 국가와 사회를 구할 수 있다는 배타적인 집단들의 투쟁이 있는 한, 평화롭고 조화로운 국민적 삶을 기대하기는 어려울 수밖에 없다. 국민적 삶을 개선하는 정책에 반대할 국민은 없다.

국민의 대다수가 혜택을 받고 지지를 얻는 정책일수록, 단기적인 포퓰리즘에 경도되기 쉽다는 우려를 문재인 정부는 명심해서 국가의 미래가 보장되는 지속가능한 국가 전략을 수립해 나가야 촛불의 민의를 계승시켜 나갈 수 있을 것이다.

지금의 미국 트럼프 대통령의 대외정책들을 보고 있으면, 미국의 힘을 이용해서 국제질서를 자기들 중심으로 이끌어가려는 제국주의적 모습에서 집단적 이기주의의 전형을 보고 있다는 인상을 지울 수가 없다.

2018년 4월 27일

2018년 4월 27일. 우리나라 분단의 역사에 또 다른 한 페이지가 될 수 있는 역사적인 날이 아닐 수 없다.

해방의 기쁨도 잠시, 민족의 정체성도 채 갖추지도 못한 혼란 속에서 이념사상으로 갈라진 남북의 피비린내 나는 민족상잔의 6.25라는 비극의 결과로 세워진 판문점에서 우리는 오늘, 우리의 군사적 주적이라고 여겨온 북한 대표가 65년의 세월을 넘어 남쪽 땅을 밟았다.

이념이라는 갈등의 골은 깊지만, 같은 언어, 같은 혈육, 그리고 몇 천 년의 역사를 같이 살아온 민족의 가슴은 변할 수 없다는 것을 실감하는 하루가 아닐 수 없다. 한반도가 겪어야만할 지정학적 운명으로 우리의 역사는 시련과 고난의 연속이었다.

공산주의와 자유민주주의 세력들이 민족의 분열도 모자라 서로에게 총부리를 겨누며 반세기가 넘게, 수없는 생명의 희생을 감수하고도 여전히 한반도는 민족의 생존까지도 위협하는 핵탄두를 짊어지고 있는 것이 21세기 대한민국의 현실이다.

통일이라는 민족의 과제를 풀기 위해서 새로운 정치세력들이 들어설 때마다 여러 번의 접촉이 있었지만, 결과는 상호 불신의 골만

깊게 만든 것이 지난 남북대화였다.

하지만 오늘, 분단 역사상 처음으로 북쪽의 대표가 판문점을 통해 남으로 걸어 내려왔다. 그리고 문 대통령과 손잡고 남과 북을 오갔다.

짧은 시간이었지만, 65년 동안 민족이 겪어온 모든 불행한 역사 현장들이 오버랩되면서 표현하기 힘든 감정들을 체험하는 시간이었다. 사상적, 정치적 이해관계를 떠나서 이 순간만은 위대한 한민족의 이름을 걸고 남북이 평화의 문을 넘어 번영의 길로 향해 걸어가는 약속의 만남이 되는 잊을 수 없는 역사의 날이 되기를 간절히 기원해보았다.

더욱이 오늘의 남북 대화는 어느 때보다도 절실히 서로에게 요구되는 절명의 시간이기도 하다.

첫째로, 북한은 미국과 세계 국가들이 주도한 경제 제제압박에서 생존하기 힘든 상황으로 김정은 자신의 정권 유지에도 힘든 시점이 되었다. 몇 달 전까지도 핵실험, ICBM개발에 매달릴 수밖에 없었던 것도 옥죄어오는 경제제제의 국내외적 압박에 대한 어찌할 수 없는 반발일 뿐이었다.

둘째, 달라진 미국의 대북 압박 스타일이다. 트럼프대통령이 집권한 이후로 국제사회의 분쟁에서 미국의 태도는 미국위주의 강경정책이었다. 복잡하고 위험한 중동의 정치 상황에도 불구하고 예루살렘을 이스라엘 수도로 인정하는가 하면, 최근 시리아 군사 행동, 심지어 중국을 비롯한 세계열강들과의 무역통상 압력을 보면서 김정은은 미국의 전략에 만만치 않은 위기감을 느꼈을 것이다.

셋째, 이명박 정권이후 10여 년 동안 북한과의 정치적 대립에서 어느 정도 부드러워진 문재인 정부의 탄생이다. 그동안 남북 간 대화의 단절은 물론 군사적 대립도 격화되었던 시기에 소위 보수 쪽에서 주장하는 좌파 편향적 정부의 출현은 북한과의 대화가 좀 더 용이하게 풀어갈 수 있는 단초이기도 하다.

물론, 그 외에도 작금의 남북대화를 진전시키는 여러 가지 요소들이 있을 것이다. 중요한 것은 오늘의 남북대화가 한반도의 평화로 어떻게 안착하는지에 대한 이견들이다.

지금까지, 한반도를 둘러싼 국내외 정치적 여건들을 종합해볼 때, 한반도의 전쟁 없는 남북 협력의 길은 긍정적일 수밖에 없습니다. 만약에 남북미의 대화가 실패로 끝난다면, 문 대통령 정권은 물론, 김정은 일당, 그리고 트럼프 정부에도 치명적인 정치적, 군사적 후폭풍이 있을 수밖에 없다는 것은 누구나 예측 가능하기 때문이다.

역사는 인간이 추구해온 자유와 민주 그리고 보편적 도덕관념에서 벗어난 이념과 사상에 일시적인 허용의 시기도 있었지만, 이제 우리 민족만큼은 더 이상 존재하지 않는 과거의 왜곡된 이념 전쟁에서 벗어나, 한민족의 빼어난 지혜와 슬기로 조국 평화를 이루어 21세기 국제사회의 리더로 우뚝 서는 그날이 바로 우리 앞에 와 있음을 잊지 말아야 할 것이다.

여성인권과 적폐청산에 대하여

요즘, 미디어를 보고 들으면 하루도 빠지지 않고, 미투운동, 성폭력, 페미니즘 등과 관련된 메시지들이 홍수처럼 쏟아지고 있다. 그 중심에는 여성들의 인권 침해에 대한 폭로는 물론 분노까지도 시위를 통해 호소하고 있다.

이러한 여성차별에 대한 문제는 이제 직장을 비롯한 모든 사회조직에서 성과 관련한 사건들로 우리 사회 전반의 문제로 분출되고 있다. 정의와 평등을 지향하는 법조직은 물론 계급사회인 군조직에서도 성차별, 성폭력의 사례가 최근처럼 크게 문제시 되는 이유는 무엇일까?

예전에는 이러한 사례들이 없었는데 남성들이 갑자기 여성들을 비하하고 차별하고 성적 학대를 해서 사회문제로 나타났다고는 할 수 없을 것이다.

첫째, 가장 근본적인 계기는 현 정부를 탄생시킨 촛불혁명에서부터 문재인정부의 화두인 적폐청산을 시작으로 소위 보수정부에서 억눌려왔거나 소외되었던 계층 속에 잠재되었던 인간적 권리를 호소할 수 있는 대화의 장이 열리면서 오늘의 이슈로 발전하는 모멘트가 되었다고 할 수 있다.

둘째는 교육의 평등으로 여성들의 사회 진출 기회가 폭넓게 확대되고 여성들의 사회적 지위가 많이 향상된 것이 그동안 사회적으로 차별 받아왔다는 의식에 각성제가 되었다고 할 수 있다. 따라서 사회 계층에도 여성들의 진출이 양적 증가와 더불어 상위계층의 질적 변화가 전통적 성차별에 대한 문제의식을 제고하게 한 것이다.

이밖에 또 다른 여러 가지 원인 중 성문화가 폐쇄적이고 남성위주의 전통적 유교문화가 여성들의 인권을 제약하는 요소로 작용한 것도 부인할 수 없는 이유이기도 하다.

문제는 이러한 이성 간의 갈등과 변화가 남녀 간의 지나친 성 대결적 사회적 문제로 왜곡되어 이성의 혐오로, 남녀 간의 정서까지 해치고 나아가 사회적 불안을 야기시키는 우를 범하지 않도록 정치, 문화, 사회 지도층 인사들의 능동적인 계도가 필요한 시점이기도 하다.

바라고 싶은 것은, 모쪼록 시작한 현 정부의 적폐청산 작업이 한 개인이나 일부 조직, 단체를 벌주기 위한 내로남불식 정치적 행위로 변질되지 않기를 바란다.

오늘의 권력으로 과거의 일들을 평가하는 것은, 매우 쉽고 간단할 수 있지만, 과거의 잘못된 관행과 역사를 거울삼아 미래 발전의 기틀을 다지는 민주적 정치행위야말로 국민이 바라는 적폐청산의 정신에 부합한다는 것을 잊지 않기를 현 정부에게 바래본다.

오늘날 우리가 청산하고자 하는 적폐는 오랜 세월 동안 우리 사회 곳곳에서 관행처럼 여겨왔던 누적된 현상이고 더욱이 사회지도자급 인사들의 불법, 탈법적 처신이 사회 정의를 훼손시킨 점에서 더 큰 문제이기도 하지만, 동시대를 살아가는 국민으로서 이러한 적폐의 비난으로부터 자유스러운 시민 그리고 현 정치인이 얼마나 있을까?

지금의 우리 정치, 경제 상황을 고려할 때, 과거의 적폐청산 못지 않게 점점 악화되는 국내경기와 치열해지는 국제 경제에 대한 밀도 있는 대처 능력이 아쉽고 진실로 국민은 먹고살기 편안하고 안정된 사회분위기를 절실히 원한다는 점을 위정자들은 잊지 말기 바란다. 눈에 보이는 감각적인 국민 달래기식의 포퓰리즘 정책은 향후 장기적 국가 발전에 돌이킬 수 없는 걸림돌로 작용할 수도 있는 것이다.

그리고 아무리 시대가 바뀌고 변한다 해도 각 시대마다 그 시대가 요구하는 시대적 상황에 맞는 가치와 과오도 늘 존재하고 또한 존중되어야 한다는, 보다 성숙된 역사의식을 갖고 과거와 현재가 조화롭게 공존하는 사회개혁이 이루어지면서 국민들에게 미래에 대한 비전과 희망을 제시하는 지도자와 정부의 역할을 고대해본다.

정치현실과 대선후보자에 대한 기대

내년 대선 선거일이 3월 9일로 다가오면서 정당은 물론 정치인들의 대선 출마 열기가 이미 뜨겁게 달아오르고 있다.

문재인 정부 4년이 지나가는 동안, 우리는 문 대통령의 취임 일성처럼 한 번도 경험해보지 못한 많은 변화와 사건들 속에서 대선이라는 정치적 빅 이벤트를 몇 달 앞에 두고 있다.

2017년 문재인 정부를 국민이 택한 가장 큰 이유는 새로운 정치에 대한 갈망이었다. 박근혜 정부를 국민이 지지한 민심은 박정희 시대에서 이룩한 국가산업화의 영광을 21세기에 다시 한 번 새롭게 해보고 싶은 국민들의 여망이었지만, 정치는 오히려 퇴행적 관행으로 돌아가며, 민주화 세력의 정치 공세에 탄핵이라는 불명예로 결국, 전직 두 대통령은 영어의 신세가 되었다.

진보라는 이념을 앞세워 공평, 공정, 정의의 정치 슬로건으로 시작한 문 정부의 정치개혁은 적폐청산이나 검찰개혁에 국정의 무게를 두었지만, 내로남불과 이념 갈등으로 국민 분열만 심화되는 결과를 낳고 말았다.

적폐청산이라는 명분으로 검찰총장까지 추앙된 요직 인사가 언제부터인가 집권세력으로부터 사법개혁을 저해하는 당사자로 지탄 받으며 사퇴의 길을 걸었지만, 동시에 야당 대권 후보인사로 급부상하는 초유의 검찰 역사가 새롭게 기록되었다.

정치세력도 미비한 전직 검찰총장이 일시에 집권 후보를 앞서며 대선후보 지지율 상위에 랭크되는 정치판은 한마디로 문 정권 4년의 실정을 적나라하게 보여주고 있다고 해도 과언이 아니다.

대통령 소속 기구이지만, 국가의 세입, 세출을 감사하고, 행정기관의 사무와 공무원의 직무를 감찰하는 독립된 지위에 있는 헌법기관장마저, 더 이상 독립적으로 직무를 수행하기가 힘들다고 사표를 던지는 작금의 정치 현실은 여야의 정치 셈법을 떠나서 우리 정치 권력의 부끄러운 민낯이 아닐 수 없다. 대통령이 임명한 검찰총장, 감사원장이 헌법이 보장하는 중립적 독립적 업무직 권한과 기한을 무시하고 퇴임하며, 현실정치에 뛰어든 일차적 책임은 분명 전직 두 기관장의 몫이다. 하지만, 향후 그들이 국가를 위해서 자격과 능력이 검증된 정치 지도자로 헌신할 수 있는 기회 부여에 대한 결단 또한 국민의 심판 몫이기도 하다

따라서 진퇴양난의 궁색한 입장이 된 문재인 내각은 차기 대선 선거가 공정한 선거가 되도록 차질 없이 감독해야 하는 책무야 말로 국민에 대한 마지막 소임이 되어야 한다. 선거의 시작도 전에 이미 괴문서가 나돌며 치졸한 정치공박을 주고받는 여야 정치판에 피곤한 국민은, 선거를 앞두고 걱정이 태산 같은 요즘이다.

작금과 같은 정치적 혼돈사태를 사전 예방하지 못한 임명권자인 대통령을 비롯한 청와대 권력은 직무유기나 무능 권력임을 자임한 결과로 국민께 사죄해야 마땅함에도 불구하고 오히려 퇴임자에게

유감을 표하는 자세야말로 더 이상 대통령 문재인에 대한 기대는 용두사미가 되고 마는 형국이다.

문재인 정권 4년 동안, 국방 안보, 외교, 경제, 정치 사회 등 국가 모든 분야에서 새로운 정책들로 개혁을 시도했지만, 결과는 시행착오의 연속이었다.

그 중심에는 모든 국정을 장악하며 모든 권력을 행사한 문재인을 비롯한 무능한 청와대가 있었다. 입법, 행정, 사법부 등 각 부처장들의 모습과 정책 의견은 좀처럼 국민들 앞에 다가서지 못했다.

맹목적 지지 기반을 앞세운 팬덤정치에 매몰되다보니 정치는 극단적 갈등과 분쟁 속에서 우리 정치는 또 다른 국론 분열의 적폐를 생산하는 구태의연한 삼류 정치에 머물고 있다.

모든 권력기관에 대한 국민적 신뢰가 추락되며 국가 권력으로서의 권위를 스스로 상실하는 정치를 이제 젊은 세대도 용인하지 않고 목소리를 높이며 정치권력 안으로 진입하고 있다.

그동안 국민은 한 번도 경험해보지 못한 문재인 정권의 국정운영을 통해서 우리 정치의 현실과 어떤 정치가 국가와 국민을 위한 정치여야 하는지, 몸소 값비싼 체험을 했다.

이제 급변하며 치열해지는 경쟁의 21세기 제4시대가 절박하게 우리 위상에 도전과 혁신을 요구하며 압박해오고 있다.

지금까지 이룩한 3만 불의 국민소득을 유지, 발전시키기 위한 중차대한 시기를 미루거나 실기 하지 않도록 국정을 운영할 수 있는 정치집단을 국민은 갈망하고 있다.

국정이 더 이상 아마추어적 정치의 실험장이 되어서는 안된다.

국민은 편협된 정파적 의식을 버리고 다음 정권 창출에 국민적 권한과 의무를 현명히 행사해야 하는 절박한 시점임을 우리 모두 깊이 각성해야 한다.

정쟁으로 인한 국론분열과 사회적 갈등이 여전히 용납되는 국정운영으로는 우리의 미래를 설계할 수도, 발전시킬 수도 없다.

우리가 선택해야 할 차기 집권 세력의 첫째 임무는 그동안 흐트러진 모든 국정 목표와 정책을 재정립 하도록 미래를 설계할 수 있는 국민이 신망하는 인사들을 영입하여 정치를 국민 대통합 차원으로 격상시키는 계기를 마련할 수 있는 유능한 정치 집단 구성이다.

국가정책재정립 위원회를 설립, 범 야당 대선후보는 물론 보수, 진보세력들이 참여하여 그 안에서 토론과 검증을 거쳐 대선후보를 결정하는 것도 고려해 볼만하다.

그리고 국가 주요 정책 위원회에서 심도 있게 결정 될 정책들을 수립하는 과정 또한 합리적이고 개방적으로 운영하며 유권자에게 형식적 공약이 아닌 대선 공약으로 제시하며 국민의 심판을 받는 대선이 된다면 선거 발전에도 기여 하는 계기가 될 수도 있다.

가능하다면 위원회 중심으로 차기 내각 인선(일종의 섀도우 캐비닛)도 국론통합을 갈망하는 국민 지도자 선택에 좋은 결과로 기대해볼 만하다.

차기 대통령의 국정과제는 무엇보다 우선 보수 진보를 통합하는 리더십이 요구된다. 설득력, 조정력 그리고 결단력의 리더십이 갖추어진 지도자의 출현을 국민은 간절하고 조심스럽게 기대하고 있다.

존경 받는 국가지도자는 어디에

문재인 정부의 끝도 이제, 한 자리 달수를 남겨 놓고 있다. 문정부가 시작된 이후 4년 동안 우리 국민들은 평범한 일상 속에서 어느 정권 시기보다, 정치가 얼마나 우리 삶에 큰 영향을 끼치는지 실감해오고 있다. 취임 일성부터 약속한 정치적 구호들이, 국민들에게는 신선한 정치 혁신으로 느껴진 것도 사실이었다.

통합과 공존의 새로운 세상, 보수와 진보 갈등은 끝내야 하고, 고르게 인사를 등용한다는 등, 탄핵 정국에서 벗어나며 탄생한 정부답게 통합을 역설한 문재인이다. 한마디로 결과는 한 번도 경험해 보지 못한 국민 갈등과 자유 민주주의를 퇴보시키며 또 다른 적폐만 양산해놓은 내로남불의 삼류 정치로 21세기 미래가 어둡기만 하다.

앞으로 가장 큰 과제는 무능한 정부로 인해 축적된 정책의 오류들을 다음 정부가 어떻게 감당하며 쇄신해 나갈지 심히 걱정이 앞선다.

국민을 편안하게 받들어야 할 정치가 국정 경험과 지력이 부족한 운동권 인물들에 의한 편협된 사상과 이념에 경도된 정책들로 시행착오와 실패는 불가피한 결과로 이어졌다.

안보, 외교, 경제, 교육, 에너지, 산업, 주택, 보건 복지 등 국민 삶과 직결되는 수많은 국정 과제들 중, 어느 한 분야라도 국민으로부터 긍정적 평가를 기대할 수 있을지 의아스럽다.

지난 정권과 차별화하려고 내놓은 주요 정책인 적폐청산과 검찰개혁의 결과는 내로남불과 감사원장, 검찰총장이 사직하며 야당의 대권주자로 급부상하는 비정상적 정치 해프닝으로 벌어지고 있다.

사실, 적폐청산이나 검찰개혁의 대상들은 권력과 연결된 정치인을 비롯한 사회 고위층들의 불법과 비리와 관련된 사안들의 문제이지, 일반 서민들과는 관심 밖의 과제들이다.

정보와 SNS가 열려 있고 일반화된 사회에서 잘못도 없는 서민들이 법집행기관(검찰, 경찰)으로부터 불법적으로 부당한 체포나 처벌을 허락하는 우리 사회는 더 이상 아니지 않은가?

하루를 힘들게 살아가는 서민의 입장에서 보수, 진보가 무슨 의미가 있으며, 70년이 지난 선진 대한민국에서, 아직도 친일파들이 현실적으로 득세하며 얼마나 우리 삶에 시비 거리가 되고 영향을 주는지? 민생에 허덕이는 서민은 먼 과거일 뿐이다.

그리고 미래를 개척해야 하는 오늘의 20, 30, 40대 세대들에게 자랑스럽지 못한 과거의 역사가 역사적 교훈이 외, 과연 무슨 의미가 있다고 역사 정의로 국민을 불편하게 하는지, 이제 젊은 세대도 현 정치세력의 의도를 점차 깨닫고 있다.

해방 이후 6.25를 경험하면서 반공 이념으로 실시된 연좌법에 얼마나 많은 후세들이 죄 없이 불이익을 당하며 치욕적이고 험난한 삶을 살아왔는지 실감한 우리 사회가 '왜, 아직도 정치는 과거에 집착하며 국민을 분열시키는지?' 통탄할 작태들이다.

자신들의 정치적 목적 달성을 위해 무장된 사상과 이념으로 우리의 아픈 역사까지 왜곡하며 국민을 분열시키며 불편하게 하는 어느 정치 집단도 이제 더 이상 허락해서는 결코 안 된다.

사실 우리의 역사도 일제강점기 치하에서 왜곡되고 수정된 역사도 많았을 뿐만 아니라, 해방 이후에도 독립적이고 객관적 역사관이 있는 역사교육이 빈약하다 보니 정치세력에 이용된 어용학자도 많았다. 역사는 교훈적 의미에서 출발하는 역사로서의 가치로 정의롭게 평가받는 풍토를 지켜나가는 자세가 정치와 정치인의 도리임을 잊지 말아야 한다.

일본제국주의 통치 하에서 나라의 독립을 위해 목숨을 바친 수많은 열사들의 헌신에도 불구하고, 불행하게도 우리 힘으로 독립을 쟁취하지 못한 현실 속에, 주변 강대국들에 의해 한반도가 점령된 시대 상황을, 미군은 점령군이고 소련군은 해방군이라고 정의한들, 우리 국력으로는 치안유지도 불가능한 과거 역사를 또다시 소환해서 정치판과 국민을 이간질 하는 정치에 코로나19로 지친 국민은 허탈할 뿐이다. 편 가르기에 지친 국민을 편안하게 해줄 능력 있는 정치세력을 갈망하는 대통령 선거 시절이 이제 시작되고 있다.

국민은 몇 년 동안 한 번도 경험해보지 못한 많은 국정의 혼돈과 삼류 정치의 적폐를 체험했다. 하지만 우리 위상은 국민들의 피와 땀으로 이룩한 선진국 대열에 합류한 국가와 국민으로서의 자부심을 위해서라도 이제 어떤 정치와 국가 리더십이 우리의 미래를 위해 요구되며, 더 나은 대한민국으로 발전시킬 수 있는 정치 지도자는 누가 되어야 하는지 냉철한 판단의 시기에 직면하고 있다.

첫째는 흐트러진 민심과 난국을 수습하며 분열된 국론을 통합하는 포용적 리더십이 필요하다.

둘째는 편협된 사상과 이념에 치우치지 않고 과거 역사를 정치화하지 않으며 노사문제, 언론 갈등 등을 해결하고, 자유 시장 경제와 민주주의 질서를 확고히 정치로 구현하는 리더십이 필요하다.

셋째는 지긋지긋한 팬덤정치로부터 자유로우며 오직 국민의 삶과 미래를 위해 정책을 설계하고, 인기에 영합하지 않는 결단력 있는 리더십이 필요하다.

넷째, 21세기 산업 발전에 따른 복지 세제, 실업인구 감축에 따른 고령사회 문제 등 사회 구조와 경제적 효과를 효율적으로 개혁 개선해나가는 예지력 있는 리더십이 필요하다.

이상과 같은 리더십을 갖춘 지도자를 찾기가 결코 쉽지는 않겠지만, 그중 하나라도 제대로 된 자세로 국정을 이끌 정당과 정치 지도자 출현을 노파심의 심정으로 기대해본다.

국민의 주체의식을 기대하며

팬데믹이 된 코로나19를 극복하기 위한 국민적 노력을 기울인지도 이제 20여 개월이 되어가고 있다. 하지만 변형되어 가는 바이러스 코로나19로 인한 감염 추세와 더불어 국민의 평범한 일상도 점점 힘들어지는 하루하루다.

그나마 희망의 끈이 되는 백신 공급과 접종도 정부의 불투명한 정보와 낮은 접종률로 의료 봉사자는 물론 온 국민이 방역복과 마스크를 착용하고 삼복더위와 싸우고 있다.

작년부터 질병이 확산될 때마다 더 높은 방역 대책을 내놓으면서 한 말이라고는, 이 고비만 넘기면 일상으로 돌아올 수 있다고 수십 번 강조했지만, 문재인은 양치기소년에 불과한 대통령 자리에서 오늘도 K방역을 칭송하고 있다.

이 정부가 출범하기 전부터 의료보험제도나 의료시스템의 개선과 구축이 이루어졌기에 K방역도 가능했고 더욱이 시민 의식이 높은 온 국민이 방역 대책에 자신들의 삶도 희생하며 노력한 결과로 타 국가에 비해 우리 K방역이 그나마 잘 유지되고 있는 것이 사실이다.

대통령이 직접 나서서 모더나백신 4,000만회 분 계약이 성사 되어 금년 2분기까지 공급된다는 장면을 생중계까지 하더니, 2분기가 지나 2개월이 다 되어가는 시점에도 모더나백신의 공급은 3%도 안 되고 있는 현실 속에서 정부는 점점 국민 생활을 옥죄는 강도 높은 시민 협조 대책만 발표하고 있다.

그럼에도 K방역은 문정부의 성공 사례라고 바쁜 장관들 불러 모여 놓고 A4용지 메시지나 읽으며 자화자찬하는 그들이다. '이제 국민과 함께'라는 말도 우리가 아닌 달나라 그들이 된지 오래다.

그들은, 2016년 이후 4년 만에 공공기관 임직원 수 11만 명 이상, 행정부 소속 국가 공무원 수 34,000명을 고용하여 인건비 25.4% 증가(500대 기업 인건비 상승률 14.1%의 2배)시키고 있다. 고용하고 나면 해고도 불가능한 공무원의 노동시장을 차치하고라도 매년 증가하는 수 조원의 연금은 결국 국가예산으로 충당하고 있다.

공무원과 공기업 비정규직 정규직화, 그리고 청년수당, 각종 정부 지원금에 감동한 우군들 확보에 국가의 미래는 아랑곳도 없이 국민 세금을 살포하고 있다. 그 지원금의 재원도 불분명한 채, 공짜라는 가짜 마약에 청년층, 노소세대 모두가 취해가고 있다.

마치 중남미 독재자들이 국민 우민화 정책과 포퓰리즘 정책으로 정권유지를 위해 국가 경쟁력을 마취시키는 사례와 닮아가는 꼴이 되고 있다.

국가 주요 정책은 물론, 서민 경제도 질식 상태로 사경을 헤매는 와중에 우리의 생명과 미래가 달린, 국토방위태세 강화의 근간인 한미연합훈련마저 최소규모로 축소해 진행한다고 한다. 2018년 이후 카리졸부훈련을 비롯해 3대 연합연습훈련도 사라졌다. 문재인은 군수뇌부를 불러 남북 대화 재개를 위한 연합연습 연기를 촉구하는 성명까지 발표하는 대통령이 과연 어느 나라 국가 군통수권자 인지 의아할 뿐이다.

국가도 아닌 일가족 독재 북한 정권, 동족을 무력 침략으로 수많은 인명을 살해하고도 사과 한마디 없는 저들을 같은 민족이라는 단순 논리로, 국민의 안보마저 위태롭게 하는 집권당에게 국민이 지지할 명분을 어디에서 찾아야 되는지 매우 혼란스럽다. 저들 독재 무리는 어김없이 매년 동·하계 군사훈련은 물론 핵무기도 증강해 오고 있다.

우리 스스로 우리 국방도 지키지 못하는 상황에서 일 년에 한두 번 실시하는 한미 연합 기동훈련도 북한 괴뢰 집단의 눈치를 보며 축소 중단하려는 이 정부는 누구를 위한 정권인지 더욱 우리 안보가 우려스러울 뿐이다. 지정학적 안보의 특수성이나 미래 국가 안보를 위해서도 우리 군사력 강화는 정치권력과 무관하게 국민을 보호하는 최소한의 국정과제임을 잊어서는 안 될 것이다.

전 정권이 조사하던 간첩관련 사건도 4,5년이 지나서야 이제 발표하는 의도는 물론, 이를 정치문제로 해결하려는 집권 세력을 여야를 떠나 국민은 똑바로 주시해야 한다. 고 황장엽 귀순 인사의 고언처럼 국내에서 암약하는 수만의 공산 간첩 활동들이 존재함에도 스파이 수집, 색출을 이 정부에서 기대하기는 상산구어로 보인다. 독재자 김정은을 치켜세우고 국빈 대접으로 모셔오기에 급급한 이들에게는 간첩이라는 단어 자체도 생소할 것이 뻔하고 달나라 애기로만 치부되고도 남는다.

지금 대한민국이 처해 있는 국방, 외교, 경제, 코로나19 등, 많은 난제들이 정권 말기로 가면서 혼탁과 혼란으로 국정 공백이 우려되는 상황이다.

대선 출발은 법에만 의존하던 정치 경험이 일천한 인사들과 과거 국민의 심판을 무시한 선거판 얼치기 후보자들에 의존한 대선정국은 가히 춘추전국시대 상황을 재연하는 우리 정치 현실이다.

누가 정치권력의 중원을 먼저 공략, 점령 하는지 여부를 두고 패거리들의 싸움은 날이 갈수록 거세지고 있다.

개혁의 대상이 되어야 할 인물들이 선거철만 되면 개혁을 외치며 선거 정국을 가짜뉴스로 상대 후보를 인식 공격하며 표를 구걸하고 다닌다.

참으로 안타깝고 걱정스러운 대선 정국은 현 국정 문제나 과제를 잘 파악하고 분석하여 우리의 미래를 제시하는 역량 있는 후보자가 보이지 않는 다는 사실이다.

단지, 현 정권 실책이나 힐난하며 정권교체나 부르짖는 야당 후보는 물론, 여야 후보자들 모두 개인적 사생활과 약점이나 험담하며 포퓰리즘적 공약이나 남발하는 정치판에서 국민들이 신뢰할 수 있는 정치지도자 선출은 난감하기만 하다.

선거는 국민들의 결정한다. 우리 미래와 참된 민주주의 가치를 구현하는 정치 지도자 선택도 국민의 투표 결과로 결정된다는 책임의식을 결코 잊지 말고, 부화뇌동하지 않는 선진시민 행동으로 우리의 삶을 지켜 나가야 시간이 도래하고 있다.

코로나19 백신 2차 접종 후기

개인적으로 나는 2일 전 AZ백신 2차 접종을 맞았다. 지금까지 아무런 이상 증상이 없이 지나고 있다. 1차 때도 별 이상이 없었지만, 2차 또한 마찬가지로 이상 없이 지나가고 있다.

아직도 1차 접종도 못 받은 인구도 많은 점을 감안하면, 미안함과 백신이 공급되고 접종되는 과정에서 노력하신 분들께도 감사한 마음이다. 사실 코로나19도 감기와 같은 바이러스의 일종인데, '왜? 온 지구촌이 이렇게 팬데믹으로 야단법석인지?' 의아해지기도 한다.

대부분의 사망자는 고령자나 기저 질환이 있는, 면역력이 부족한 노년층, 일종 만성질환 환자군이 통계적으로 나타나고 있다. 한편 감염된 젊은 연령층의 사망률은 매우 낮은 편이고 오히려 백신 접종으로 인한 부작용에 따른 치명율이 더 높게 나타나고 있다고 한다. 감기의 일종인 바이러스라고 하지만, 변이되고 더 강한 전파력이 높은 바이러스 일종인 것만은 사실로 보인다.

이미 예상치 못한 코로나19로 인한 지구촌 인류의 생활은 하루가 다르게 더 큰 변화를 요구하고 있다. 코로나19 바이러스의 병원균 자체도 어디에서 어떤 생명체로부터 전이되어 전염되는지 규명되지 않고 있는 현실이다. 대부분의 정보도 단지 연구결과를 발표하는 수준의 내용들이다.

지리, 기술, 제도의 저자, 석학 제프리 삭스도 세계화 속에서 필연적 결과로 그 해결책도 국제적 협력을 통해 극복하자는 원론적 해결책만 제시하고 있다. 강대국일수록 백신을 개발해서 엄청난 수입으로 점점 국가 간 빈부는 극대화되고 공급도 독점하며 자신들은 부스터샷까지 하는 마당에, 과연 세계적 협력으로 이 팬데믹 해결이 실현될지 현재로는 확신이 서질 않는다.

하지만 지금과 같이 삶과 직결된 위기에서 우리가 의지할 수단은 국가적 방역 대책을 따르는 수밖에 없고, 백신 접종실시 여부도 백신에 대한 믿음이 부족한 상황에서 개인적 판단에만 의존하는 답답한 현실이다.

모든 공포는 예상치 못한 실체의 갑작스러운 출현과 그에 대한 정보 부족 그리고 확실한 해결책의 부재에서 비롯되는데 지금의 코로나 사태가 바로 이런 현상으로 인류를 괴롭히고 있다.

인류 역사이래 수많은 전염병이 발생하여, 헤아릴 수 없는 인명이 사라지는 과정에서 다행히도 의학의 도움으로 병균을 퇴치, 내지 방역과 백신 개발로 극복해왔듯이, 이번 코로나19도 의학 기술에 힘입어, 전 세계가 뉴노멀이 아닌 진정한 normal의 일상으로 돌아와 주길 독백하는 마음이다.

남은 일상의 시간이 금보다 귀중한 노년의 하루가 더욱 단절되는 시공의 흐름에 안타깝고 조급한 심사로 우울한 심정은 숨길 수 없다.

하지만 보고 듣고 맛보고 알아갈 대상들이 무한한 호기심으로 존재하는 한, 오늘 같지 않은 내일의 시간을 기대와 희망의 노래로 가꾸어 갑시다.

어린 시절 영화 주제곡 '창살 없는 감옥'을 노래한 박재란 가수분이 떠오르며, 아련한 먼 추억의 한 시절이 그립기만 한다.

내일이 없는 국민은 피곤하고 우울하다

더불어민주당의 대선 승리 행진은 계획대로 잘 진행되고 있다.

행정, 입법, 사법, 경찰은 이미 집권 권력 하에 점령된 상황에서 그나마 SNS나 유튜브에 쓴소리를 하는 언론 채널마저 억압하며 선거판의 여론몰이 토대를 구축하는 언론중재법 추진을 마지막 행보로 그들의 재집권은 어느 정도 계획대로 무르익어 가고 있다.

진보라는 정치적 프레임은 유독 문 정권의 출범과 더불어 진정한 진보의 의미가 변질 된지는 오래다.

진보의 사전적 의미, 정도와 수준이 좀 더 나아지고, 역사적 발전의 합법 적성에 맞춰 전반적인 사회 변화와 발전을 추구하는 것이다. 보수라는 일반적 개념에 비해 매우 진취적이고 미래지향적이기에 정치집단이 추구하고 정치 목적을 달성하기에 매력적 정치 선언이다.

과연, 더불어민주당 문재인은 진보 정치를 실현하고 있는가?

1980년대 사회주의 진보 세력에 기대어 민주화 학생운동으로 정치적 이력을 쌓은 결과, 군정권이 퇴보하면서 정치권에 쉽게 편승한 결과, 정치나 외교, 경제 분야에 경험도 지력도 없는 무능한 자들이 오늘도 정치 중심에 서 있다.

두 김씨 대통령 아래서 하수인 노릇이나 하고, 정당 안에서 권력에 아부나 하여, 금배지 달고 온갖 특권은 다 누리는 X같은 놈들이 20여 년이 지나가는 지금도 여전히 매스컴의 스포트라이트를 받고, 대중 앞에서 큰소리치고 철새처럼 몰려다닌다.

교사로 있다가 담쟁이 시로 매스컴을 타며 문재인 선거에 참여하여, 문체부장관까지 한 도종환, 어느 시인이 이X처럼 정치적 권력을 누리며 더불어민주당 재집권 쟁취를 위해 언론중재법 통과에 온몸을 던지는 자가 문학계에 있었는지, 문재인의 포용적 의리 인사 정치는 위대하다.

변두리 기자 생활하다가 잘 안 되는지, 짱구를 돌려 음식 감별하는 맛 컬럼이스트 황씨가 매스컴을 타더니 어느새, 경기도 관광공사 사장으로 이재명의 추천을 받는다.

연미복을 입는 의미와 경우도 모르고, 그저 머릿속에는 친일이라는 프레임으로 상대를 비방하는 시정잡배지만, 문재인 정권 창출에 공헌한 덕으로 여전히 주둥이를 맘껏 놀리고 있다. 그래도 대수냐고, 떡볶이를 같이 쳐드시고, 친형제에게 갖은 쌍욕과 범법을 자행한 여당 대통령 후보 선두주자를 옆에 모시고 계시니 전혀 문제 될 게 없다.

해방 이후 어려운 여건하에서도 대한민국 정부를 수립하고 민주주의를 지키려 노력한 이승만 초대 대통령도 국부로 인식하기는커녕 초대 정부로도 인정하지 않는다.

이승만의 정치 부패가 4.19혁명과 5.16군사정권으로 이어지는 후진국 정치의 한계를 빗겨갈 수 없었지만, 다행히도 우리는 짧은 기간에 최빈 국가에서 개발도상국을 거쳐 선진국이라는 명예까지 얻었다.

그 과정에서 피눈물 나게 고생, 노력한 정치 지도자나 기성세대의 공은 단지 적폐세력으로 비하될 뿐이다.

자신들의 과거 역사의식을 늦게나마 새롭게 보여주려는 의도인지는 모르지만, 잊혀져가던 독립 운동가들의 유해를 열심히 모셔다, 온 매스컴을 동원, 마치 자신들이 독립운동의 후손들이나 된 듯, 청와대 행사의 탁현민 쑈나 보여주는 문재인. 애국심 깊은 집권당에게는 개, 돼지로 보이는 국민은 그저 감동할 뿐이다.

왜? 국가는 우리의 적인 북한군과 나라를 지키다 최근 전사한 국군용사들에게는 최소한의 예의로도 제대로 보답하는 진정성을 보여주지 못하는지 의아할 뿐이다.

상하 명령체계 수립이 필수인 군조직마저 정치가 개입하며 군기강이 해이해지니, 성폭행이나 군이탈사건은 잦은 뉴스거리가 되고 있다.

과거 역사와 편향적 이념에나 집착이나 하고 급변하며 절박하게 다가오는 국제적 외교, 경제 정세에는 무감각하고 무능한 현 집권당을 어떻게, 무슨 수로 심판이 가능할까? 국민의 높은 지지도도 제대로 활용치 못하고 당내 편싸움이나 하는 한심한 야당 놈들 하는 꼬라지를 보면 한숨 나고 막막하기는 별 차이가 없어 보인다.

끝까지 부동산 투기는 잡을 수 있고 부동산정책 만큼은 자신한다는 문재인의 공약은 이제 아무 feed back도 없이 오리무중이다.

법무장관 임명받은 놈이 사문서를 날조하고, 불법을 밥 먹듯 해도, 뻔뻔하게 언론과 대중 앞에서 법원의 결정을 부인하고 비난하는 세상에서 서민들의 공정과 정의는 한낱 쓰레기에 불과한 사치일 뿐이고 상식과 법치주의는 이미 문 정권 패거리들에게는 어불성설이다.

어느 노인의 댓글처럼, 보신주의의 비겁한 X같은 무리들이 보수의 의지나 투지, 그리고 날카로운 비판과 정책 대결은 오간 데 없고, 자신들의 영달이나 계산하며 말장난 정치로 날을 새고 있다.

자신들이 모시던 두 대통령은 문재인에 의해 감옥 생활로, 생사가 오락가락 하는 와중에도 내부 정치세력에 대한 개혁과 참신한 성찰도 없이 세력 투쟁이나 일삼는 야당 철새 직업 정치인을 누가 지지할지?

정권교체를 원하는 국민은 손 내밀 후보를 찾지 못하고 있다. 코로나19로 일상이 지치고 경제적 어려움에 허덕이는 서민을 향한 매표 행위의 최선책인 돈살포 공약은 여야를 불문하고 매일 새롭게 등장하고 있다.

돈과 조직을 독점하고 있는 집권당의 위세를 단지, 정권교체라는 단순 논리로 대응할 수 있을지 두고 볼 일이지만, 절대 용이해 보이지 않는다.

현실과 미래가 어둡게만 다가오는 국민들의 마음을 조금이나마 위로하고 희망의 메시지라도 제시해줄 구세주 같은 인물은 아직도 국민 시야에 보이질 않는 2021년 8월 20일이 지나고 있다.

국민의 정치

문재인 대통령 취임사에서 국민과의 약속을 분석하면 대략 12가지 정도라고 한다. 취임사의 약속들이 잘 지켜만 진다면 우리나라도 정치를 포함한 사회 각 분야에서 많은 변화와 발전이 있으리라 기대했다. 어느 정치인은 명문의 취임사라고 칭송하기도 했다.

그 약속 중에서 누구나 인정하고 탄복하는 약속이 있다.

"국민이 한 번도 경험해보지 못한 나라를 만들겠다."

점술가 못지 않은 예언과 같은 약속이 집권 4년 동안 잘 지켜지고 있음을 국민은 체험했고 아직도 진행형이다. 예상치도 못했던 팬데믹 코로나19라는 바이러스까지 발생해서 온 국민이 국가로부터 생계 지원금도 받고, 전 세계적으로 인정받는 자랑스러운 K방역도 경험하고 있다.

그뿐인가? 적폐청산을 확실히 실천한 결과 국민이 선출한 두 전직 대통령은 감옥살이로 형 집행 중이다. 검찰개혁을 잘 해보겠다고 문재인이 늘 자신의 정치적 동지로 아끼던 청와대 민정수석 조국을 국회 청문회의 정상적 임명동의안 거부도 무시하고 법무부장관으로 임명한 결과, 조국은 물론 그 일가 또한 감옥과 법정을 오가는 신세다.

대통령이 임명한, 검찰총장과 감사원장은 임기 만료도 거부하고 자진 사퇴하여 야당 대권 후보로 등록하고 정권교체에 앞장서고 있다.

부동산 투기를 척결하겠다고 온갖 정책과 법규를 시행한 결과, 집값은 물론 전세 값이 최소 30%이상, 서울권과 수도권 지역까지 50%이상 단기 급상승하며 서민들의 주택 구입 꿈은 예측 불허의 정부 부동산 정책에 허탈과 분노로 바뀌었다.

숫자도 기억하기 힘든 국교부장관의 대책 안은 시장만 교란시키고, 부동산 시장만은 확실히 안정화시키고 투기 세력은 철저히 가려낼 자신이 있다던 문재인의 약속은 언제부터인가 꿀먹은 벙어리가 되었다.

부동산 시장이 정부의 정책 실패와 혼란으로 온 국민이 지금처럼 주택문제로 고통을 겪어보기도 처음이다.

사실, LH사건과 같은 사례는 예전부터 은밀히 존재해왔지만, 부동산 정책에 문제가 커지다 보니 선거철과 함께 정치권까지 비화되고 급기야 윤희숙 의원 부동산 투기 관련 사건이 대선후보 간 쟁점으로 부각되고 있다. 또다시 내로남불이 듣보잡(듣지도 보지도 못한 잡배나 잡소리)들의 입에서 난무하고 있다.

공평, 공정, 정의라는 이념적 슬로건을 민주주의 역사나 경험이 일천한 정치나, 사회 집단에 과도하게 정책 방향으로 정하게 되면, 삼류급의 기존 정치구조나, 사회 조직과의 마찰로 갈등과 투쟁속에서 정책은 실패할 수밖에 없게 되고 이념적 슬로건은 단지 정치적 레토릭에 머물 수밖에 없다.

공평, 공정, 정의라는 인류의 보편적 가치는 정치권력이 민주적 법치주의를 준수하고 정치, 경제적 부패로부터 자유스러운 선진사회도 쉽지 않은 정치 명제이기 때문이다.

문재인은 포용국가를 지향하는 정책을 여러번 강조했다.

"국가는 왜 실패하는가?"

저자 대런 애쓰모글루는 국가의 실패를 가늠하는 국가 제도를 착취적 제도와, 포용적 제도로 크게 구분하며 국가 발전을 논한다.

엘리트계층이 정치, 사회, 경제 조직을 개혁해나가는 과정에서 어느 제도를 수용하며 성공하는지를 국가, 시대별 사례들을 살펴가며 방안을 제시하지만, 국가별 역사, 지리, 인종, 교육 등 여러 요건들에 따라 제도의 장단점도 있음을 인정한다.

문재인이 주장하는 포용국가 정책이 성공하지 못하는 가장 중요한 저해 요인 중 하나는 민주주의를 가능케 하는 다원주의 사회를 수용하지 못하고 있다는 점이다.

정치를 진보와 보수라는 개념으로 국민을 편 가르고, 과거 역사를 재해석하며 친일, 반일, 친북좌파, 반공우파, 친미, 반미 같은 프레임을 작동시켜 자신들만의 정치로 집단화시키는 과정에서 다양성을 인정하는 다원주의는 사라지고 중도적 입장의 대중마저 입을 닫고 있다.

집권 4년이 지나가지만, 팬덤 정치로 대통령의 지지도가 삼사십%를 유지하는 정치를 자랑스러워하며 대권 후보들은 아직도 청와대 권력에 기대어 선거 활동을 하고 있다.

편협된 팬덤정치의 세력화는 변하지 않고 더욱 굳어가며, 대선판은 편가르기와 분열로 요동치는 형국으로 치닫고 있다.

공정한 경쟁의 룰이 존중되지 않는 사회로 변해가고 있다. 자유민주주의 사회를 공정하게 유지 발전시키는 경쟁시스템 자체를 경시하고 부인하고 비난까지 한다.

미래 인재를 양성하는 교육정책과 제도, 사회 각 기관의 인사 정책 등에서 각 집단의 특성에 맞는 경쟁절차를 정부가 일방적으로 추진하는 시스템으로 획일화시키는 우를 범하고 있다.

시험에 의한 입시 제도를 축소하며, 우수한 인재 발굴을 위한 자립학교도 인정하지 않고 사기업 인사까지 블라인드 채용을 강요하는 정부를 과연 포용국가의 정책이라 말할 수 있을까?

경쟁의 룰이 무시되다 보니 경력, 학력은 허위증명서로 대치되고, 공공기관 내 정규직, 비정규직 간 갈등은 심화되고, 미래산업을 이끌어갈 대학 인재 교육은 질적인 저하만 가속화되고 있다.

경쟁을 선호하기보다 투쟁이 사회적 가치와 룰을 지배하는 현실을 더이상 허용하는 정치가 되어서는 어느 정부도 순조로운 국정 운영은 불가능하다.

투자와 투기를 내가 하면 투자고 남이 하면 투기판이 되는 부동산 시장 정책은 부모, 형제 혈육 간 신뢰와 사랑의 인연까지도 멍들게 하는 현실이다.

자식이 거주하는 전세값이 천정부지로 오르고 쫓겨날 판에 부족한 전세금을 모른 채 바라만 보고 싶은 부모가 어디 있으며, 홀로 사시는 부모님의 주택 구입으로 부득이 2주택자가 된 사유가 정치 공세로 국민의 지탄을 받고 가족 이력까지 까발려지는 정치 풍토가 건강한 사회인지 여야를 불문하고 정치권에 묻고 싶다.

정치가 우리 삶에 얼마나 지대한 영향을 주고 있는지를 가장 실감나게 경험하는 문재인 정권이야말로 국민 모두가 정치에 대한 새로운 시각과 반성을 일깨우는 계기가 비록, 실패 정치로 인한 값비싼 사회적 비용 지출에도 불구하고 다가오는 대선 결과에 어떻게 표출될지 지켜볼 일이다.

갈수록 더 닮아가는 윤석열과 전두환

문재인정부의 검찰총장이라는 윤석열이 어찌된 영문인지, 현 집권세력에 맞서 싸울 차기야권 대권후보자로 부상하는 정치상황에서 5.18기념식 날, 윤석열의 5.18언급에 뜬금없이 윤석열이 전두환과 유사하다는 김의겸의 SNS 주장은 윤석열이 문재인정부 대선 승리에 매우 위험한 인물이라는 인식을 새삼 일깨우게 하는 장면이다.

김의겸은 열린민주당 비례대표 전국구 위원 김진애가 양보한 자리로 졸지에 국회의원이 되었다. 김의겸은 한겨레신문에서 기자 생활을 하다가 2018년 문통 비서실 대변인 박수현의 뒤를 이어 대변인을 한다.

흑석동 부동산 투기로 보수언론의 질타에 청와대자리를 사직, 당내사정으로 군산 지역구 불출마 선언하고, 야인으로 있다, 더불어민주당에 입당하여 지금의 국회의원 배지를 거머쥔, 말하자면 문재인 권력의 수혜를 받은 인물이다.

한겨레신문 시절, 박근혜, 최순실 게이트 특종 취재를 계기로 문재인 정부에 옹호적인 기자 출신의 정언유착의 대표적 인물이기도 하다.

그는 고대 법대 학생회장으로 전학련 소속에서 학생운동을 하다

2년 반 동안 감옥에 있다 출소하여 한계레신문에 입사한다.

왜? 김의겸은 윤석열의 5.18 언급을 비난하며 이 시점에서 전두환을 소환했을까?

서민들의 상식으로는 윤석열과 전두환이 어떤 점에서 비교 대상이 되는 인물로 부각되는지 의아스럽다. 왜 거기서 니가 나와 라는 코미디 같다. 그의 주장은 윤석열은 조선 언론이 옹호하는 인물이고 조국을 도려낸 전두환과 유사한 성격의 소유자로, 문재인 집권당에 도전하며 대선판에 뛰어든, 윤석열 사단이라며 원색 비난하고 있다. 심지어 칼잡이에 미래를 맡길 수 없다는 집권세력 집단의 똘마니도 나오고 있다.

한마디로, 검찰개혁의 실패는 윤석열 사단의존재로 치환시키며, 더 나아가 현 정부의 실정을 고발하는 모든 보수 성향 언론을 개혁대상으로 프레임화 하는 술수로 김의겸의 한풀이식 비난은 당에 대한 충성심으로 표출되고 있다. 논평할 가치도 없는, 쓰레기 같은 더불어민주당 국회의원이 서민들의 분노가 채 가시지도 않은 자신의 허물은 잊은 채, 국민을 향해 이해되지도 않는 편향적 사견을 함부로 내뱉는 식견을 대하며, 그가 과연 한겨레신문 기자였으며 문재인 비서실 대변인이었는지 견강부회도 이만저만이 아니다.

문재인 정부의 정치 핵심인물들은 대부분 학생운동권으로 옥살이 경험을 훈장처럼 여기는 출신들로, 문재인 정권 탄생의 발기인이고 동시에 친문세력의 중심이다.

문재인 정치의 한계는 운동권 정치의 시작이고 끝이 되고 있다.

운동권의 정서로 특징되는 진정한 진보도 아닌, 무늬만 진보로 행세하며, 행동이 따르지 않는 공정, 공평, 정의를 내세우는 정치 세태는 문정부의 실패로 자멸되고 있다.

문재인의 상왕인 노무현이 검찰의 수사로 목숨을 던진 원한의 검찰개혁은 마치 국가개혁의 과제가 되었지만, 결론은 법치권력 기관 간의 싸움판으로 끝났다.

민주화운동으로 굳어진 그들만의 신념과 이념으로 민의는 보수와 진보라는 세력 간 편 가르기로 분열되었고, 내편만 챙기는 편협한 정치는 상식과 도덕성을 잃고 자유민주주의 대한민국 정치는 좌초하고 있다. 옥살이로 상처 난 자신들의 입지를 민주화운동의 동지로 결속시키며 문재인 이념에만 호응하는 인물들만 찾다보니 정부 부처 인사는 한정된 인맥 상에서 전문성과 도덕성도 결여된 주변 인물로 임명되는, 나눠 먹기식 한풀이 인사정책으로 국가기관에 대한 신뢰는 이미 상실된 지 오래다.

그동안 문 정권이 추진했던 정책들의 결과는 앞으로 국가발전에 엄청난 장애 요소로 국민 삶에 악영향을 초래할게 분명하다.

북한의 비핵화는 시간만 소비했고, 느슨해진 대북 국방태세, 한반도 주변 국가 간의 실용적 외교 통상 전략의 부재로 인한 외교상황, 그리고 포퓰리즘 정책으로 부실화된 국가재정, 표만 의식하며 기업을 옥죄는 노동 입법으로 노동개혁은 손도 못 대는 균형을 잃은 노동시장 등, 미래 국가발전은 4주년 문재인의 자화자찬 기자회견을 보면서 앞으로 남은 1년이 더욱 걱정스럽다.

ESG로 부각되는 기업환경 속에, 국가산업 발전의 동맥인 반도체 산업, 수소, 전지 경제에 따른 원자력 전력 수급 등, 급변하는 4차

산업 경제에 대비하는 선진국 정치 지도자들의 치열한 기술 선점 대응 노력에 견주어, 국제 감각 없는 우물 안 개구리 식 패거리 정치는 언제 종식될지 안타까울 뿐이다.

이제, 다음 대선 시기는 일 년도 채 남지 않았다. 문재인이 문 정권 출범 시 촛불정신을 강조하며 국민에 대한 약속의 기대는 공약이 된지 오래다. 문 정권의 내로남불식 정치는 정치에 대한 불신과 국가권력의 권위마저 무너지며 국가위상의 자존심까지 상처를 입는 정치 부재를 실감하기도 했다. 국가의 미래는 결국, 종합된 국민들 의사결정인 지도자 투표 선거 결과에 달려있다.

문빠니, 대깨문이니 하는 편향된 정치 집단은 정치세계에서 추방해야 한다. 수치스러운 민족의 과거역사를 반성하며 교훈으로 삼아, 더 나은 미래를 설계하는 정치집단을 국민은 바라고 있다.

적폐청산이라는 빌미로 정치보복을 일삼고 과거 정권의 과와 실마저 자신들의 이념으로 재단하고, 과거를 부정하며 국론을 분열시키는 정치 집단에 또다시 우리의 미래를 다시 맡길 수는 없다.

앞으로 정권이 바뀐다 해도, 더불어민주당이 차지하고 있는 국회나 법무, 행정기관의 권력 주체들의 저항은 또 다른 정치 난항을 예고한다. 그럼에도 불구하고 국민의 의사를 존중하고 국민을 통합하며, 국제 감각을 갖추고 미래 산업을 이끌어 갈, 정치 균형 감각이 준비된 정치 집단의 출현을 국민은 간곡히 열망하고 있다.

필자는 특별 정당 정치인도 아니고 윤석열 지지자도 아닌 일반 서민의 정치 소견을 피력한 점을 양해해주시길.

법이 정치를 지배하는 세상

1980년 이후 우리 대통령을 분류해보면 2명의 군 출신 대통령이 있었고 두 명의 민정이양기 대통령이 있었다. 21세기가 접어들며 노무현, 이명박, 박근혜, 문재인 대통령으로 이어졌다.

군 출신 두 명은 법집행으로 감옥에 갔다 왔고 이명박, 박근혜는 형 집행 중이다. 8명 중 4명의 정치지도자들이 법의 잣대로 곤욕을 치르고 있는 형국이다.

법을 다루는 법조인들이 정치영역에서의 지배력과 정치참여도가 점점 높아질 수밖에 없는 정치공학구조 현실이다.

노무현, 문재인, 차기여권, 야권 유력후보들 대부분 역시 법조인 출신들이다. 대중매체에서 정치 평론을 하는 대부분의 패널들이 또한 법조인들이다. 법을 모르면 정치가 불가능하고, 법의 작동과 잣대로 정치의 대부분이 판정되고 영향을 받는다.

아무리 정치인들의 부정, 부패가 판을 쳐도 고소 고발이 없으면 별 죄의식도 느낄 필요도 없고 설령, 고소 고발이 되어도, 전관예우 받는 변호사 선임하여 방어하면 집행유예로 끝이 난다.

특히 정치논쟁의 사법처리는 집권당 인사 만능으로 임명된 내편 법관들 시켜, 불리하면 조사지연, 누락시키고 법집행으로 유리한 선고 내면 된다.

정권이 바뀌었다 해도 전 정권 고등법원 대법원에서 판결된 사건까지도 자신들만의 법적용으로 재조사가 가능한 법무부처의 정의는 수시로 변해도 된다.

자신들에게 불리한 판결이 나오면 부정하고, 결론은 늘 끝없는 검찰개혁의 필요성으로 귀결시키면 된다.

법치주의 나라에서 정치인에게 법은 제대로 지켜지고 있는지 사례를 한번 들어보자.

박지원 국정원장이 그 첫 번째 예다. 불법 대북송금사건에서 현대 150억 원 수뢰는 무죄를 선고 받았지만, SK, 금호그룹에서 1억을 받고 알선수죄, 직권남용, 외국환거래법, 등 징역 3년과 추징금 1억원을 선고 받았다.

2007년 노무현에 의해 사면되고 2008년 특별 복권되며 그해 국회의원선거 목포에서 무소속으로 당선된다. 그리고 2020년 7월 문재인에 의해 국정원장으로 취임한다.

페이스북에 다음과 같이 소회를 밝혔다. 그중 일부를 소개하면 다음과 같다.

"역사와 대한민국 그리고 문재인 대통령님을 위해 애국심을 가지고 충성을 다하겠습니다. 앞으로 제 입에서는 정치라는 정자도 올리지 않고 국정원 본연의 임무에 충실하며 국정원 개혁에 매진하겠습니다. SNS 활동과 전화 소통도 중단합니다."

대북관련 첩보와 관련된 업무는 경찰에 넘기고 전화소통도 중단한다는 첫 다짐에도 당에서 같이 일하던 정치권에 있는 떠돌이 정치초보를 정기적으로 만나고 있다.

두 번째로는 여당 대선후보 선두주자의 전과 기록이다.

무고, 공무원자격사칭 벌금 150만 원, 음주운전 벌금 150만 원, 특수 공무 집행방해 벌금500만 원. 선거법위반 벌금 50만 원. 전과 4범의 법조계 변호사 출신이 대한민국 대통령 당선 유력후보다.

법이 공정하게 작동하고 있는 우리 정치이고 법치주의의 나라다. 음주운전 전과자는 문재인정부가 공직자 임명 시 엄격하게 준수하겠다는 약속이기도 하다. 형, 형수와 통화 내역은 일반 어른이 듣기에도, 민망할 정도를 넘어 시정잡배수준 이상 이하도 아니다.

앞으로 정치권의 인적 변화와 성숙한 국민의식 변화 없이는 어느 정당이 대권을 잡아도 결코 정치의 안정은 불가능하다.

지금처럼 사회 모든 조직이 정치권력에 편승되어 편을 가르며 이전투구하는 현실에서 이성적이고 합리적 법치주의 실현은 불가하고 다수결에 의한 횡포로 불법과 부정부패만 만연하게 마련이다.

코로나19로 생활마저 위태로워진 계층에 대한 지원금까지 정치셈법에 휘둘려 집행에 차질은 물론, 지원금의 의도와 효과를 퇴색하게 만드는 정치권에 대한 국민의 신뢰는 허망한 수준이다.

백신 접종의 시기 지연과 차질로 K방역의 효과도 실패수준이 되다보니 국가의 방역 정책과 통제력도 오락가락 하는상황에서 가짜뉴스 같은 분통 터지는 대선 보도들로 국민의 눈과 귀는 어지럽고 스트레스만 하루하루 쌓여 가고 있다.

가능한 자신의 일에만 신경 쓰며 편안히 살 수 있는 좋은 세상이 되면 좋으련만.

부동산 투기세력과 대선

돈과 권력은 지구에 호모사피엔스가 태어난 이후부터 떼어놓고 상생할 수 없는 인간사의 역사와 진리 같은 관계다. 더구나 자유경제 시대에 돈의 파워가 더 어필하는 사회구조에서 권력과 돈은 변하지 않는 사회현상, 아니 세계 변화 흐름에 변수가 아닌 상수로 존재하고 있다 해도 과언이 아닌 세상이다.

그런 측면에서 지금 우리 사회가 겪고 있는 사회 부조리의 현상들은 정도의 차이만 있을뿐, 돈과 권력은 변치 않는 애착 관계다.

이번, 대장동 개발 사업이 특혜 의혹 사건으로 정치, 법조계를 포함한 온 사회 계층과 연계되는 현상의 근본 원인은 부동산 폭등이 주제공 요인이라 할 수 있다.

전국이 부동산 투기 열풍으로 아수라장이 되다 보니 일확천금을 노리는 투기세력이 절호의 기회를 포착한 결과가 이번 화천대유 투자의 한 사례로, 복잡한 이해집단들의 비리가 언론을 통해 확대된 사건에 불과하다.

2, 3년 사이에 아파트 값이 50%를 넘나들 만큼, 잘못된 시행착오의 정책 허술함을 기득권 권력과 법조계가 한 팀이 되어, 대박의 꿈을 성사시킨 부동산 투기의 성공작이라 할 수 있다.

코로나19라는 전례 없는 사태를 수습한다는 명목 하에 취약 계층은 물론, 보편적 복지 정책 그리고 금리인하와 맞물린 금융지원 자금이 정치권과 연계되며, 치솟는 부동산 가격 폭등에 기름으로 여전히 작동되고 있는 현실에서 숨겨진 제2, 제3의 화천대유는 상존하고 있다 해도 무방하다.

정권 말기가 되면, 차기 정권을 향한 기득권 세력들간의 정치투쟁은 치열해지고 비리 폭로도 심해지는 경향은 일반적이다.

정치권력과 독재자는 부패할수록, 돈은 자신들의 조직 유지와 안전을 위해 필수적 자산이다.

아돌프 히틀러도 탈세, 리베이트, 신문, 출판사를 90% 장악하며 정치자금을 조성하고 "국민에게 큰 거짓말이 잘 먹힌다."라는 나의 투쟁 기록이 우리 정치를 거울처럼 비추는 듯하다.

더욱이 문재인 정부의 적폐청산 정책이 과열되면서 정치세력 간 갈등과 팬덤 정치에 기댄, 현 정치 현실은 국민 분열의 골을 심화시키고 있다.

따라서 다가오는 대권 선거는 어느 때보다 극열한 선거 열풍이 예상되고, 정치권 개인은 물론 여야 모두 죽기 살기 식 선거판이 되다보니, 후보 선출 과정부터 당의 정책을 위한 토론 보다는 과거사나 개인사를 둘러싼 흠집내기에 급급하는 모습들이다.

현재, 우리 사회를 주도하는 세력은 도덕과 윤리보다는 최소한의 법적 잣대에 의지하며 법이 정치를 우선하는 정치 부재의 우리 사회가 되고 있다.

말이 법치주의라고 하지만, 불법을 자행하며 법을 자신들의 보호

막으로 이용하고 심지어, 다수결의 힘으로 자신들에 유리한 사법기관 설립과 입법을 추진하고 있다.

현재 대선후보자들의 면면과 토론을 보면서 안타까운 일면은 그들이 미래 산업에 대한 이해와 비전, 세계적 경제와 외교, 나아가 국제정치와 사회교류에 얼마만큼의 지식과 경험, 능력이 있는지에 대한 토론 의제는 누구도 언급하지 않는 우리 정치, 언론시스템에 대한 실망감이다.

그저 누구나 인지하는 과거사에 대한 사견, 누구나 아는 사회적 비리나 가짜뉴스를 두고 저질 언어로 말다툼하는 모양새는 여야 후보를 불문하고 한심스럽고 국가 미래가 더욱 근심스러운 대선 정국이다.

대선을 앞둔 시점에서 2005년 독일 총리로 16년간 재임하고 국민 지지도 75%를 받으며 퇴임하는 과학자인 앙겔라 메르켈 총리의 리더십이 정말로 부럽고 정치가 없는 대한민국 정치가 본받았으면 하는 바람이다.

겸손, 경청, 침착함, 포용, 공감, 합리성을 기본 정치 신념으로, 독일을 유럽 경제의 희망으로 변모시킨 타협과 양보의 비결을 조금이라도 갖춘 정치지도자가 내년 대선의 승자로 태어나길 조금이라도 소망하고 싶다.

우리의 미래는 이재명으로 끝나야 하는가

지난 20일 오후 2시 전후, 버스를 타고 서대문역을 지나려는 시점, 노선버스들이 모두 정차하고, 운전기사는 운행이 불가하다며 가능한 지하철 이용을 권고한다.

지하철역은 갑작스런 교통마비로 혼잡하고 전동차도 역을 정차 없이 지나친다. 민노총 파업일의 한 장면이다. 그들의 주장은 양극화 해소, 사회 대개혁, 비정규직 철폐, 임금교섭 승리 등이다.

정치집단화된 민노총은 코로나19 방역준수 정부정책도 치외방역 집단이다. 행정명령도 감히 넘보지 못하는 권력 단체다. 먹고 사는 생존위기도 감내하며 정부시책을 따르는 자영업체가, 힘들게 시도하는 시위까지도 불가능하게 경찰권을 동원하는 정부가, 도로, 지하철까지 마비시키는 노동자 시위에는 방관하며 시위주동자 한두 명만 검거하고 풀어주는 게 현 정부의 노동단체에 대한 대응이다.

4차 산업이 발전수록 산업구조의 급속한 변화로 노동시장 또한, 새로운 산업 패러다임에 적응하는 혁신 없이는, 노조가 주장하는 사회 대개혁도 불가능한 것은 불문가지임에도 우리 노사관계는 예전과 하나도 변한 게 없다.

정부가 주도하던 비정규직 정규직화는 오히려 격차만 더 벌어졌다.

2021년 8월 기준, 비정규직 근로자 수는 806만 명으로 2012년 591만 명보다 215만 명이 증가하며 해마다 최대치를 갱신하고 있다.

더구나 전체 임금근로자는 2,000만 명대에서 비정규직 비중은 40%에 육박한다. 가파른 최저임금 상승과 근로시간 단축이라는 정부 시책으로 노동시장은 경직될 수밖에 없고 취약지대 노동자들 취업 기회는 점점 줄어들 수밖에 없다.

정부 시책에 따라 어쩔 수 없이 시행한 공공기관들의 정규직화도 직원간의 갈등만 키우고 있고, 공무원 수만 4년 만에 13만 명, 공공기관 포함하면 25만 명이 증가했다. 다음 정부에게는 이들의 삶을 책임져야 커다란 책임이 주어지지만, 해결책은 예산 확대에 따른 세금 징수 강화뿐이다.

한국 노사관계는 세계 최하위 수준이다.

민주당 대권후보 이재명의 노동개혁 시각은 어떨까? 이재명이 3년 전 성남시장시 광주에서 대학생들을 상대로 강연하며 대화를 한다. 우리나라 기득권의 전형은 대기업 재벌이고 재벌은 경제, 정부, 정치 등 우리사회 모든 영역을 경제권력이 지배하는 정치권력 집단 이상의 기득권이라고 정의한다.

문재인의 검찰개혁 이상으로 재벌개혁을 통한 사회 개혁을 정치권력으로 시도할 의도가 충분히 있는 의견 표명이다.

우리나라가 선진국 경제에 안착하는데 필수적인 노사 협력과 노동규제 혁파는 이재명시대가 되면 오히려 퇴보할 수 있는 여지가 많아 보이는 이유다.

이재명은 서민 계층의 대변자라고 자신의 정체성을 확고히 갖고 있는 정치인 중의 한 명이다. 누구는 전태일 같은 흙수저 출신으로 어렵게 성장하여 성공한 후보로 적극 국민 지지를 받아야 한다고 한다.

어려운 환경 속에서 대학을 졸업하고 사법시험에 합격해 변호사, 시장, 도지사, 이제 집권 대선후보로 성장한 인물이기에 자신에 대한 자긍심도 높을 뿐만 아니라, 정치권력에 대한 강한 애착과 의지가 뚜렷하다. 자신의 정치 목표에 해가 되거나 방해가 되는 사안은 법률적 지식을 이용하여 자신을 방어하는 능력과 용인술도 뛰어나다.

하지만 안타깝게도 이재명 주변 인물들을 보면 신뢰할만한 정치 참모가 안 보인다는 점에서 후보자의 성격까지 감안하면, 독단의 정치로 흐를 수 있는 불안감을 지울 수 없다.

이번, 대장동 개발 특혜 사건 경기도 국감에서 논란이 된 개발과정을 일반 상식수준에서 보면, 비상식적 탈법행위들 속에 시장의 개인적 이해관계가 있다는 추론은 충분히 되지만, 이재명의 직접적 범법행위는 현재까지는 불분명하다보니 특검으로 파헤쳐 보자는 게 반이재명 정치 세력의 주장이다.

하지만 특검도 현재 국회 다수당이 버티는 한 쉽지 않아 보이고, 현 검경도 수사 의지가 희박한 현실에서 이재명 수사는 쉽지 않다.

미래를 위해 바람직하지 않은 대선 형국

내년 3월 9일 대선을 앞두고 정치권이 후보자를 중심으로 판세가 요동치기 시작하고 있다.

그러나 유권자들의 관심은 싸늘한 편이다. 선거의 초점은 어느 후보자가 대통령으로 적합한지보다는 정권 연장, 정권 교체 중 어느 선택이 자신과 국민을 위해서 정당한지가 더 관심사가 되고 있는 특이한 선거판이 되고 있다. 이런 양상의 주요 원인은 양당후보의 자질 논란에 따른 비호감도가 높다 보니, 최악의 후보자를 선택하기보다 차라리 정당 선택이 더 유리하다는 유권자들의 여론에서 찾을 수 있다.

후보자들의 도덕성, 역사의식의 천박함은 물론, 외교나 경제, 과학 지식의 부재와 무경험은 최고 권력자의 자격에 부합되는지 의아스러울 수밖에 없다.

국가권력은 입법, 행정, 사법이라는 권력기관이 상호 견제와 균형이라는 대원칙을 위해 작동하도록 법이 규정하고 있지만, 우리 정치사를 되돌아보면, 과연 민주주의를 위한 권력기관이 제 구실을 했는지는 매우 회의적이다.

다수당이 된 국회는 국민의 대표기관이라는 허울 좋은 명분으로 야당은 물론 행정, 사법, 검찰, 감사기관까지 자신들 이권대로 치외법권적 권력을 휘두르고 있다.

약자 보호나 노동권 강화라는 후진적 진보 이념으로 4차 산업 경쟁력 강화를 위해 혼신을 다하는 기업들을 기업규제 3법, 노동법강화 등으로 우리 경제의 버팀목을 무너뜨리고 있다.

고위관료 임명권 제청을 위한 청문회는 국가권력 위상만 훼손시키고, 권력싸움으로 입법기관의 역할이 유명무실해진 현재의 권력기관시스템은 분명, 개혁대상이 되어야한다.

5년마다 시행되는 책임감 없는 제왕적 대통령제 선거로 미래 국정과제 추진은 불가하고, 국민들 정치피로감만 생산하는 현 권력구조를 이제는 검토할 시기다.

행정부 장관들, 특히 법무장관이 집권당의 당원으로 행사하고, 검찰총장을 대통령이 임명하는 한, 법의 공정성과 검찰개혁은 사상누각이 되어있고 그 결과물이 공수처법에 따른 집권 세력의 시녀, 공수처 설치였다.

국가 안위를 위해 설립된 국정원은 대공수사권도 경찰에 이관했다. 국방은 물론 외교 경제계도 정보 싸움의 현장이고 국정원은 정보 기관의 중심으로 정치권력에서 비껴 있어야 기관장에 정치판을 떠돌던 정치범이 당당히 임명되었다.

지난번 대통령 국정 연설을 들으면, 우리 국민은 문정부의 정치력에 힘입어 선진 국가에서 어느 국민보다 안전하고 평화롭게 살고 있다고 한다. 어려운 코로나19도 세계가 인정하는 K방역이라는 정부정책에 힘입어 극복하고, 국가경제, 외교, 문화 등 모든 분야에서 성공했다고 한다.

대통령 취임식시 국민과의 약속에서 연설한 국민이 경험하지 못한 국가를 만들어가고 있다는 자부심이 충만해 보인다.

며칠 전 이철희 수석이 문 대통령은 부패하지 않았고 오로지 일에만 열중하기에 문전박대를 기대한다고 한다. 대통령이 부패 안하고 국민을 위해 열심히 일하는 것이 당연한 책무임에도, 얼마나 우리 정치가 썩었으면, 그런 개그를 하는지 헛웃음이 나올 뿐이다.

차기 정부와 국가의 미래를 걱정하는 대통령이라면, 자신의 통치기간 동안의 성과에 대해 자화자찬보다는, 잘못되고 미비한 정책은 국민과 소통하고, 퇴임하는 입장에서 국민의 대통령이라는 값비싼 경험을 정당의 유불리를 떠나, 국가 미래 발전을 위한 자신의 소신과 의견을 허심탄회하게 피력하는 대통령을 국민은 보고 싶다. 불행하게도 전임 대통령들은 아직도 법적 심판대를 오가고 있을 뿐이다.

민주당 이재명의 지지율이 나날이 추락하자, 문재인의 동지 양정철이 후보 선거단에 훈수 같은 쓴 소리를 했다.

정치 불신과 변화의 욕구를 반영한 패턴주기가 빨라지고 있고, 여의도 정치의 부재라고 한다. 5년 단임 대통령제도의 한계와 비극이 재현되고 고질적 이념적 진영논리와 증오대결의 정치문화를 지적한다. 또한 미래에 대한 비전제시를 위해 전문분야 정책성의 부족함도 민주당에 필요하다고 한다.

집권 세력의 위기의식이 팽배해지는 상황에서 늦은 감은 있지만 적절한 판단과 충고라 할 수 있다.

문재인과 함께 퇴임하겠다는 한 시대 정치인으로 허심탄회한 정치 논평이긴 하지만, 생계형 직업정치인이 우리 정치에 존재하는 한, 긍정적 정치변화가 차기정권에서 가능할지 예견하기 쉽지 않아 보인다.

지금과 같은 정치구도에서 설령, 정권교체가 이루어진다 해도 그동안 문정부가 추진하던 국가 정책들에 순조로운 변화가 가능할까?

국민통합운동을 통한 새로운 정치세력을 기대하지만 어느 후보가 집권 하더라 국민 통합정치에 획기적 혁신을 위한 사심 없는 정치 비전 제시로 사회적 합의가 가능하기 전까지는 험난한 정치 투쟁은 지속될 것이 불행하지만 확실해 보인다.

이종필 수필집

카르페디엠의 시간

초판발행일 2022년 3월 25일

지 은 이 : 이종필
펴 낸 이 : 김순진
편 집 장 : 전하라
디 자 인 : 김초롱
펴 낸 곳 : 도서출판 문학공원
주 소 : 서울 은평구 통일로 633 녹번오피스텔 501호
전 화 : 02-2234-1666
팩 스 : 02-2236-1666
홈페이지 : www.munhakpark.com
이 메 일 : 4615562@hanmail.net